コミュニティ・プロファイリング

地域のニーズと資源を描く技法

M.ホーティン／J.パーシー-スミス　著

清水隆則　監訳

川島書店

Original English language edition copyright 2007
Open International Publishing Limited. All rights reserved.
Japanese language edition of Community Profiling: A Practical Guide
by Murray Hawtin; Janie Percy-Smith
© Kawashima Shoten 2018 All rights reserved.

Japanese translation rights arranged with McGraw-Hill Education
through Japan UNI Agency, Inc., Tokyo

第二版への序文

「コミュニティ・プロファイリング：社会ニーズの監査」第一版を出版して以来12年以上が経った。当初，本書がこれほど成功するとも，またこれほど多様な分野の学生と実践者に利用されるとは思ってもみなかった。本書の最初のアイデアは，1990年にリーズ・メトロポリタン大学政策研究ユニットから出版された「あなたのコミュニティを見出そう：社会監査の方法」と名付けられた短いパンフレットにさかのぼる。この初期の出版物は，ソーシャル・オーディットやコミュニティ・プロファイルを行いたいコミュニティ・グループやコミュニティ実践者のガイドを意図したものであった。このパンフレットに描かれた方法の成功を基盤にして，政策研究ユニットの同僚とともに著者らは，われわれの経験，理解と知識に加えて社会的監査とコミュニティ・プロファイルに取り掛かった。

本書第一版は，元のパンフレットと国中の同じようなコミュニティ・プロファイリングと社会的監査にかかわる現場や人々との議論から得られた経験を基盤にしていた。しかし，その後，世界は大きく動いた。コミュニティの政治的文脈は，90年代初期から変化してきている。政府は，ますます民主的革新と地方自治体がコミュニティのリーダーとしての役割を担うように，また「場所つくり」の積極的な役割を取るようにという方向に関心を向けるようになった。しかし，素晴らしいことに情報にアプローチする技術は，第一版発行以来，想像を超えて進歩してきた。コンピュータやインターネットにアクセスできるコミュニティ・グループは，今や外に出ることなく地域の膨大な情報を手にすることができるであろう。

このような変化に応じて，この新しい版では，幾つかの章を根本的に書き直した。しかしながら，本書の本質は同様である。すなわち，本書は，コミュニティ・プロファイリング，ソーシャル・オーディット，ニーズ・アセスメント，コミュニティ・コンサルテーションに従事する人，とりわけコミュニティ・ワーカーや地域再生，近隣マネジメント，図書館サービス，住宅，保健，青少年

サービスや社会ケアといった各専門を横断するコミュニティ実践者のための実践ガイドとして活用されることを意図している。われわれは，本書がコミュニティ基盤の調査を行う社会科学やその他の学生のためだけでなく，ボランタリー組織やコミュニティ組織の有益な資源であり続けることを願っている。

　第一版以来，われわれは重要な原則を維持してきた。すなわち，それは「知りたい思い」（need-to-know）にそうことを基盤に本書は書かれている。本書は，社会科学調査の包括的なレビューではない。そのような意図で編まれた本は他にたくさんある。むしろ本書は，良き仕事をするには豊富な技術的知識を必要とするコミュニティ・プロファイルやソーシャル・オーディットを行おうとする人々へのステップ・バイ・ステップの基礎的なガイドブックである。本ガイドは，調査方法や技術に関して基礎的もしくは限られた知識を有する人々や乏しい資源しか持ち合わせていない人々を特に対象としている。したがって，本文では方法の詳しい説明は最小限にしている。しかし，付録2をつけており，より複雑な調査を行おうとする人に対しては詳しい説明を提供している。さらに，特定のテーマに興味をもちさらに詳細を知りたい人のために，付録3を付けて参考文献を紹介している。第二版では，用語集（付録1）を新たに付け加えており，本書全体を通じて用いられている専門用語の定義が，読者の役に立つことを願っている。

　本書は，著者だけでなく広く様々なグループの知識，技術，専門性と経験の賜物である。本書の責任はひとえにわれわれ著者にあるとはいえ，政策調査研究所の過去，現在の同僚の貢献の大きさを著者らはよく認識しており，また長年にわたって議論に参加してくれた人々の貢献も忘れられないものである。さらに，われわれにプロファイリングすること，ニーズをアセスメントすること，ソーシャル・オーディットをすることを認めていただいたすべてのコミュニティの貢献に感謝申し上げたい。それらのコミュニティにおける実践的調査の経験が，本書のスタイル，トーンとアプローチに反映されていることを願いつつ。

目　　次

第二版への序文

第1章　コミュニティ・プロファイリングとは何か？

第1節　コミュニティ・プロファイリングの発展 ………………………… 1

第2節　ニーズ・アセスメント，コミュニティ・コンサルテーション，
　　　　ソーシャル・オーディット，コミュニティ・プロファイル ………… 3

第3節　コミュニティ・プロファイルの要素 ……………………………… 6

第4節　本書の構成 …………………………………………………………… 11

第5節　主要項目のまとめ ………………………………………………… 12

第2章　なぜコミュニティ・プロファイルを行うのか？

第1節　プロファイルをコミュニティで実施する理由 ………………… 16

第2節　法定サービスと政府プログラム ………………………………… 21

第3節　政府主導の政策 …………………………………………………… 24

第4節　主要項目のまとめ ………………………………………………… 26

第3章　コミュニティ・プロファイルの計画

第1節　基盤の準備 ………………………………………………………… 29

第2節　目標と目的の設定 ………………………………………………… 41

第3節　全般的なプロジェクト計画 ……………………………………… 41

第4節　主要項目のまとめ ………………………………………………… 42

第4章　コミュニティと利害関係者の参加

第1節　なぜコミュニティの参加を求めるのか？ ……………………… 46

第2節　コミュニティの考え方 …………………………………………… 47

第3節　その他の利害関係 ………………………………………………… 49

第4節　利害関係者の参加の方法 ………………………………………… 53

第5節　利害関係者の参加時期 ……………………………… 58
第6節　主要項目のまとめ ………………………………… 63

第5章　方法の選択

第1節　目的に方法を合わせること ……………………… 65
第2節　資源の確認 ………………………………………… 67
第3節　アプローチ ………………………………………… 70
第4節　「接触困難」ケース ……………………………… 76
第5節　主要項目のまとめ ………………………………… 78

第6章　既存情報の利用法

第1節　二次的情報のプロファイルへの貢献 …………… 81
第2節　二次的情報の種類 ………………………………… 82
第3節　二次的データの利用法 …………………………… 89
第4節　主要項目のまとめ ………………………………… 92

第7章　新しい情報の収集

第1節　方法の選択 ………………………………………… 95
第2節　調　　査 …………………………………………… 97
第3節　観　　察 …………………………………………… 102
第4節　綿密なデータの収集 ……………………………… 104
第5節　方法の組み合わせ ………………………………… 110
第6節　主要項目のまとめ ………………………………… 112

第8章　情報の解析

第1節　データ解析の方法の検証 ………………………… 113
第2節　量的データ ………………………………………… 115
第3節　質的情報 …………………………………………… 123
第4節　コンピュータを使用したデータの解析 ………… 127
第5節　主要項目のまとめ ………………………………… 131

第 9 章　影響の最大化

第 1 節　影響の種類 ……………………………………………………… 134

第 2 節　どのような種類の影響を達成しようとしているのか？ ……… 135

第 3 節　どのような結果提示方法が最大の影響を与えるか？ ………… 137

第 4 節　他の関与方法 …………………………………………………… 146

第 5 節　プロファイルを最新の状態に保つ …………………………… 148

第 6 節　主要項目のまとめ ……………………………………………… 149

第 10 章　結　　論 ……………………………………………………… 151

付録 1　用語解説 ………………………………………………………… 153

付録 2　社会調査法の詳細 ……………………………………………… 162

付録 3　参照文献 ………………………………………………………… 187

監訳者あとがき …………………………………………………………… 199

索　　引 …………………………………………………………………… 201

著者・訳者紹介

図 表 目 次

図 2.1　なぜコミュニティ集団は調査を行うのか？ ……………………………… 16

図 2.2　North Somerset, Locking Castle East 地域プロファイルの意図 ………… 17

図 2.3　技術向上を目的とするコミュニティ・ニーズ・オーディットの例 ……… 18

図 2.4　青少年コミュニティ・プロファイル ……………………………………… 19

図 2.5a　Govanhill コミュニティ・プロファイル ………………………………… 20

図 2.5b　South Leeds におけるイスラム教徒の高齢者とその介護者のニーズ …… 20

図 2.6　調査の法定条件：コミュニティ・プロファイル・アプローチに
　　　　かかわる例 ………………………………………………………………… 22

図 2.7　近隣再開発アセスメントをすべき理由 …………………………………… 26

図 3.1　コミュニティ・プロファイリング過程の段階 …………………………… 30

図 3.2　最初の主導グループ会議に参加を求めるべき個人，グループと
　　　　組織の例 …………………………………………………………………… 32

図 3.3　初期の主導グループ会議の目的 …………………………………………… 34

図 3.4　主導グループの組織化 ……………………………………………………… 34

表 3.5　資 源 欄 ……………………………………………………………………… 38

図 3.6　「土台を作る」ために達成されるべきことのチェックリスト ………… 42

図 4.1　コミュニティ・デベロップメント・ワークに関係する価値 …………… 52

図 4.2　利害関係者の「参加」のレベル ………………………………………… 53

図 4.3　既存グループへの働きかけと新規グループの形成 ……………………… 55

図 4.4　コミュニティ調査におけるボランティアの参加：一例 ………………… 56

図 4.5　広 　報 ……………………………………………………………………… 60

図 4.6　「接触困難」な集団への接触方法 ………………………………………… 61

図 4.7　障がい者とのコミュニケーション方法 ………………………………… 62

図 5.1　調査方法の選択：決定ツリー ……………………………………………… 66

表 5.2　目標，調査の課題と方法：幾つかの例 ………………………………… 67

表 5.3a　資源間の関係 ……………………………………………………………… 68

表 5.3b　資源の組み合わせ ………………………………………………………… 69

表 5.4	一次的データ対二次的データ：量的対質的		70
表 5.5	各方法の長所と短所		72
図 5.6	調査：質問紙か面接か？		74
図 5.7	保健ニーズ・アセスメントで用いられる様々な方法		75
図 5.8	コミュニティ・オーディットとニーズ調査における多面的方法		75
図 5.9	コミュニティ・プロファイリングに用いられる方法		77
図 5.10	近隣に関する児童の意見		78
図 6.1	二次的情報の種類		83
図 6.2	Devon 州のインターネットで利用できる情報の例		84
図 6.3	upmystreet. com からの Leeds 市 Headingley のプロファイル		85
図 6.4	二次的データに関する疑問点		89
表 6.5	データのオンライン情報		92
図 7.1	新しい情報収集の方法を決める際の注意点		96
図 7.2	回収率を上げる方法		99
図 7.3	観察技術		105
図 7.4	口頭証言の例		108
図 7.5	事例研究		111
図 7.6	サービス利用者研究		111
図 8.1	データから情報へ：過程		115
図 8.2	調査のための質問例		118
表 8.3	手作業で作成したデータ集計シート例		119
図 8.4	表に関する要点		121
図 8.5	図に関する要点		122
図 8.6	円グラフの例		122
図 8.7	線グラフの例		123
図 8.8	棒グラフの例		124
図 8.9	ソフトウエアの選定に際して考慮すべき事項		128
図 8.10	一体型ソフトウエア・パッケージ「Village Appraisal」について		129
図 8.11	コミュニティ・プロファイリング用ソフトウエア Compass		130
表 9.1	関与活動を計画するために		134
図 9.2	プロファイルの想定される受け手は？		137

図 9.3　関与方法を決める際に考慮すべき課題 ······················· 138

図 9.4　想定される関わり方 ··· 139

図 9.5　関与方法の例 ··· 140

図 9.6　標準的な報告書の構成 ··· 142

図 9.7　ディスプレーや展示ができそうな場所 ························· 146

図 9.8　地域行動計画の利点 ··· 147

表 A2.1　年齢分布（仮定の例）··· 184

表 A2.2　現住所地での居住年数 ··· 185

表 A2.3　追加のサービスを求めるジェンダー ························· 185

第1章　コミュニティ・プロファイリングとは何か？

　本書「コミュニティ・プロファイリング」（community profiling）の第一版
が出版されたとき，本書はコミュニティ・デベロップメントの道具とみなされ
た。それはこの第二版についてもあてはまる。しかし，以前にも増して，政策
担当者や実践者たちは，コミュニティ・プロファイリングを，より広範囲の政
策とサービス供給過程にとって，有益な基礎であるとみなすようになってきて
いる。

　第1章では，他の関連するコミュニティ基盤の調査とコミュニティ・プロフ
ァイリングとの相違を比べる前に，簡単にコミュニティ・プロファイリングの
発展を振り返る。まずコミュニティ・プロファイリングの定義の提示と議論が
なされ，ついで本書の構成が示される。

第1節　コミュニティ・プロファイリングの発展

　「コミュニティ・デベロップメント」（community development）の道具と
してのコミュニティ・プロファイリングは，新しい物ではない。多くの人たち
は，1970年代に行われたコミュニティ自らの調査を思い浮かべるであろう。
また，1950年代という早い時期に米国やオランダで行われた同じような調査
に思い当たる人もいるであろう。1980年代から90年代にかけては，コミュニ
ティ・プロファイリング，「ニーズ・アセスメント」（needs assessments），「ソ
ーシャル・オーディット」（social audits）や「コミュニティ・コンサルテーシ
ョン」（community consultations）といった一連の技術が，並び立つようにな
った。特に80年代には，「ソーシャル・オーディット」という言葉が，公的政
策の変更によるコミュニティへの影響や大企業の閉鎖による影響を表すものと
して広く用いられた。同じころ，カンタベリー大司教報告「カンタベリー市の
信仰」（Faith in the City）（1985）が発行されたが，これは，市内の教会が，

都市コミュニティにおけるその役割の再評価の手段として教区オーディットを用いることを示唆したものであった。

1990年代には，一連の中央政府による地域対策企画において，地域ニーズのアセスメントやコミュニティ・コンサルテーションの実施が求められた。すなわち，「コミュニティケア」(Community Care)，「都市の挑戦」(City Challenge)，「近隣再生」(Neighbourhood Renewal)，「団地アクション」(Estate Action) と呼ばれる試みである。このような流れは，90年代から2000年代へと引き続き，「単一世代予算」(Single Regeneration Budget)，「コミュニティのためのニュー・ディール」(New Deal for Community)，「近隣再生ファンド」(Neighbourhood Renewal Funding)，「近隣マネジメント」(Neighbourhood Management) といった企画が行われ，そして，自治体にコミュニティ戦略を作成する義務が与えられた。(コミュニティ・プロファイルを促す近年の政策動向については，第2章において詳述する)。

同じころ，多くの自治体は，高犯罪率，低学力，貧困や不利益といった特定の問題を有する地域を明らかにする統計図や地図を作成する新しい技術に恵まれるようになった。その技術は，資源をより効果的に用いる手段となるものである。さらに，幾つかの自治体ではコミュニティ・プロファイリングを意思決定権やサービス供給の近隣レベルへの委譲を進める戦略の要素として用いてきたし，また現在も用い続けている。また他の自治体では，それを政策やプログラムのモニタリング，レビューや評価に用いるべく基盤づくりに活用できるとしている。最近では，監査委員会が，自治体に「地域プロファイル」(area profile) を作成することを勧めている。それはいわゆる「人と場所，そしてサービスの境を横断する問題を特に強調するものである。例えば，高齢市民といったそのコミュニティの特別な対象のニーズを描き出すことである」。

そしてまた，ますます多くの制度的機関が，サービス提供側の意見よりも利用者のニーズを重視する方向への変化を反映して，「利用者」(customers) からのフィードバックに関心をいだくようになってきた。

コミュニティ，コミュニティ・グループ，そしてボランタリー組織（民間非営利組織）は，コミュニティ・プロファイリング活動を始めたり，実施するようになってきている。そこでは，コミュニティ・プロファイリングは，サービ

ス提供者に，十分なサービスが提供されていないこと，満たされないニーズが
あることを知らせたり，悪影響を与えるであろう企画へ反対を表明する手段と
されているのである。さらに，コミュニティ・デベロップメント・ワーカーや
地域基盤の第一線提供者たちは，多彩なプロファイリング活動を「地域を知
る」（getting to know their patch）手段や地域コミュニティ内の信頼や受容
を構築する手段として用い続けている。

第2節　ニーズ・アセスメント，コミュニティ・コンサルテーション，ソーシャル・オーディット，コミュニティ・プロファイル

　ニーズ・アセスメント，コミュニティ・コンサルテーション，ソーシャル・
オーディットとコミュニティ・プロファイルは，ある共通の特徴を明らかにし
ようと試みる文献や実践にみられる語句である。それらには，同じところも見
られるが，重大な相違点もまたある。以下の質問から，共通点と相違点が明ら
かにされよう。

- 活動の目的は何か？
- 活動を始めた主体はだれか？
- コミュニティはどの程度かかわるのか？
- 活動の範囲とそれを定める主体は？

■ニーズ・アセスメント

　一般に，ニーズ・アセスメントは，制度的機関によって，例えばプライマリ
ー・ケア・トラスト（第一次保健トラスト），自治体当局や政策計画過程のた
めに行われる。ニーズ・アセスメントは，既存のデータ（例えば，人口資料）
を用いるのが普通である。それには，最もサービスによって影響を受けるであ
ろう人々の地域ニーズに対する態度や地域ニーズの見方の分析に役立つ補助資
料も加えられるであろう。ニーズ・アセスメントの例として，ほとんどの地域
で行われなければならない住宅ニーズ・アセスメントがあげられる。つい最近
の例としては，児童トラスト事業の発展の一環として地域で生活する児童のニ
ーズをアセスメントすることが地方自治体に求められるようになった。

コミュニティは，常にニーズ・アセスメント過程にかかわるわけではない。カバーする地理的，行政的エリアがあまりに広い場合，実際的な意味でコミュニティがかかわることは不可能である。また，ニーズ・アセスメントに利用できる資源（例えば，資金，時間や専門性）が，関連機関において不足している場合も無理であろう。反対に，より広い行政区で行われるニーズ・アセスメントが，（新たな情報を収集する）「プライマリー・リサーチ」（primary research）や「コミュニティ参加」（community involvement）の機会を含んでいない場合であっても，その「地域」（patch）の住民ニーズにあったサービスの発展を願う地域実践者によって，地域ニーズ・アセスメントが行われる場合もある。さらに，実際，「実践者リサーチ」（practitioner research）の領域が，ある部分，実践は証拠基盤であるべきだという要請の結果，増加してきている。

■コミュニティ・コンサルテーション

広範囲の政策領域にかかわる公的組織は，地域コミュニティとコンサルテーション（相談）を行うことが義務化されたり，強く要請されるようになってきている。そのコンサルテーションは，近年，ますます洗練されてきている。通常の「調査」質問法を超えた多様な技術が用いられている。例えば，「フォーカス・グループ」（focus groups），「オンラインによる質問」，「市民パネル」（citizens' panels）や「市民陪審」（citizens' juries），「現実への計画」（Planning for Real）などである。このような試みの多くは，実際はお飾り的なものとして，また実施機関の政策やプログラムに真の変革をもたらす意図のないものとして，批判にさらされているが，その一方で地域住民の意見をくみ取るための有益な試みを現に行った多くの実例もある。

コミュニティ・コンサルテーションは，コミュニティ・プロファイル，ソーシャル・オーディットやニーズ・アセスメントと異なり，主導機関が既に実施してきた一連の提案，選択や優先策に関して，既存のサービスの満足度を調べるために行われるのが普通である。しかし，それは，広い意味でのコミュニティ・プロファイリング，ソーシャル・オーディットやニーズ・アセスメントの一要素として用いることができよう。

■ソーシャル・オーディット

　ソーシャル・オーディットという言葉は，特に「新経済財団」（New Economics Foundation）よって支持され，広められたある特定の過程にかかわるものであった。ソーシャル・オーディット（または時に「ソーシャル・アカウンティング（社会的決算）」（social accounting）と呼ばれる）は，ある組織の社会的影響や倫理的影響を考慮した事業成果（performance）の測定や報告のことである。ちょうど，財政オーディットが，会計監査を通じて財政の健全性を明らかにするように，ソーシャル・オーディットは，会社や企画事業の「健全性」（health）を明らかにする。さらにこのアプローチは，公共サービス，住宅，雇用，自然環境，社会的環境，その他の多様な要素の相互作用から結果するコミュニティの健全性の調査にも適用できる。

　ソーシャル・オーディットは，コミュニティ・レベルで行われ，そのコミュニティの生活や働きに関する意識についての新しい一次資料がもたらされる。また市（city）や郡（district）レベルで行われる場合は，資源の再配分のためにコミュニティ間の不公平を明らかにする傾向が見られる。その場合，オーディットに用いられる情報は，既存データ，例えば保健統計，住宅手当データ，失業データやサービス当局自身のサービス情報等が当てられよう。

■コミュニティ・プロファイル

　「コミュニティ・プロファイル」という言葉は，コミュニティ自身，法定機関や「ボランタリー組織」といった多様な団体によって行われる一連の企画にかかわって用いられるという意味で最も広義なものである。また，コミュニティ・プロファイルは，ニーズと資源やコミュニティに影響を与える全体的要素をカバーするという意味で，内容の範囲においても最も広義なものであるといえよう。コミュニティ・プロファイルの特徴は，コミュニティの関与の程度にかかわっている。ニーズ・アセスメントやソーシャル・オーディットは，積極的なコミュニティの関与から利益を得るかもしれないが，現実にそれはいつも起きるとはいえない。ところが，われわれの見解によると，良きコミュニティ・プロファイルは，積極的なコミュニティの関与を求めるものである。

　「コミュニティ・プロファイル」という言葉は，最も広範囲の応用性をもっ

ているため，また次節で述べるコミュニティ・デベロップメントの主要原則に
おおよそ従うため，本書では，ニーズ・アセスメント，コミュニティ・コンサ
ルテーションやソーシャル・オーディットにかかわるアプローチや技法を議論
する場合を除いて，この言葉を用いることにする。

　従ってコミュニティ・プロファイルは，以下のように定義されよう。

　　他からコミュニティと定義された，もしくは自らコミュニティと定義した
　一群の人々の「ニーズ」（needs）と当該コミュニティに存在する「資源」
　（resource）の「包括的」（comprehensive）な記述である。それは，コミュ
　ニティの生活の質を向上させる「アクション・プラン」（action plan）や他
　の方法を発展させるために，「コミュニティ自身の積極的な関わり」（active
　involvement of the community itself）によって行われる。

この定義の内容は次節で説明される。

第3節　コミュニティ・プロファイルの要素

　われわれの提示した定義は，コミュニティ・プロファイルは，一般に「包括
的」（comprehensive）でなければならないということを示唆している。しか
し，実践においてすべてのコミュニティ・プロファイルが包括的であるという
ことがいいたいわけではない。むしろコミュニティ・プロファイルの計画にお
いては，コミュニティの生活の様々な局面がどのような相互関係を有している
かに注意しなければならない。個人やコミュニティの生活の全体性は，部局の，
機関の，サービスや政策の境界内に包摂されるものではない。人々が日々の生
活で経験する問題は，「住宅問題」（housing problems），「健康」（health）や
「社会的孤立」（social isolation）として定義できないものである。むしろ，全
体は，構成部分の総計以上のものというように問題は相互に作用しあう場合が
多い。もちろん，社会調査者やニーズ充足，サービス提供の担当者は，例えば，
住環境の悪さは不健康と，また失業や抑うつと関係していることを知っている。
しかし，実践はこの現実を反映するにはあまりにゆっくりしている場合が多い。

そのため，劣悪な住環境の改善に取り組む政策，不健康，失業や精神保健問題は，互いに関係なく個別に計画，実施されることが多い。一般的な意味で包括的なコミュニティ・プロファイルは，人々の生活の現実をより正確に反映すると同様に官僚主義的な縦割りへの挑戦となるであろう。Christakopoulou ら（2001）は，包括的なコミュニティ・プロファイルは，次のような人々の生活の局面を対象とすべきであると述べている。

- 「生活の場としての地域」；そこで生活する人々の態度と物理的環境の質。どの程度ニーズは資源とマッチしているか。地域の制度は，どの程度，人々の目標や意向を満たしているか。
- 「社会的コミュニティとしての地域」；コミュニティの社会生活への住民の関与。コミュニティが支持的である範囲。フォーマル，インフォーマルなネットワーク。
- 「経済的コミュニティとしての地域」；地域住民の所得レベルと雇用見込み。店の繁栄状況と存続性。
- 「政治的コミュニティとしての地域」；政治状況と地域マネジメントのシステムと構造。どの程度，地域住民は自分たちにかかわる決定に影響を与えられるか。どの程度，地域の決定過程にかかわれるか。「コミュニティ団体」への参加。
- 「私的空間としての地域」；人々は，どの程度，その地域に愛着を感じているか。地域住民の記憶と生活経験。
- 「市の一部としての地域」；地域とその地域を含む地方，市，区とのインフラ，経済，社会上の関連。他と区別されるそのコミュニティ特有の地域アイデンティティ。

　われわれの定義は，「ニーズ」と「資源」に言及しているが，これは両者がコミュニティの全般的な理解にとって重要だからである。資源があるとは，あるコミュニティがコミュニティの利益のために用いることができる資産を保有していることを意味する。資源には，以下のものが含まれよう。住宅，公園，病院・クリニック，コミュニティ・センター，教会や学校，他者を支援できる

人とその時間的余裕，その地区内の雇用機会，サービスや富の分配機能である。コミュニティの中には，活用不十分な資源を有するところもある。そこでは，なぜ資源が活かされていないのか，どのようにしたらそれを有効活用できるのかを明らかにすることが重要となろう。また資源と成り得るものを有しているコミュニティもある。例えば，放棄されたビルや空き地は，現在は使い道がないとしても，うまく再生すれば，コミュニティにとって有益なものとなろう。

　資源の話をする場合，コミュニティの強さと可能性の源である無形資源を意味することがある。これには，次のものが含まれよう。すなわち，コミュニティ・メンバーのフォーマル，インフォーマルなスキル，家族，世帯や近隣といったインフォーマルなサポートのネットワーク，セルフヘルプ・グループやコミュニティ団体といったよりフォーマルなサポート，回復力，決断力，信頼，コミュニティの熱意，ボランティアや積極的な市民意識の程度といったコミュニティに存在する質や性格である。このような質の多くは，「社会資本」（social capital）という言葉でまとめられるようになってきている。この社会資本の存在を明記することは重要である。というのは，コミュニティにとって必要なことを聞くのみでは，改革をしようと努めているコミュニティ・メンバーを意気消沈させるだけでなく，彼らがいだいている否定的なイメージをさらに強めることになるからである。またニーズ把握だけでは，それは単なる全体像の一部分の表明にとどまるであろう。

　資源とは，多くの場合，単純にお金のことといわれるが，もちろんお金は，いかなるコミュニティにとっても大切である。特にソーシャル・オーディットにおいては，地域のサービス運営費に資金をどのように配分するのかを示し，特定のコミュニティのニーズのために公的資源が適切に配分されているか否かを明らかにすることが常となっている。まだ対応していないニーズに取り組む唯一の方法として，特別に資金投入が行われることが多いようであるが，常にそれが最善で効果的なやり方とはいえないであろう。既存の資源を用いたり，既存のサービスを配分するという多様な方法があるであろう。近隣マネジメント・アプローチは，地域サービスのマネジメントを近隣レベルに近づけ，その中で，地域ニーズをうまく満たすべく主要な資源を「かじ取りを行う」ことによってこれを達成しようとする。ソーシャル・オーディットは，地域サービス

の提供に地域住民を雇用したり，地域内資源の維持を行う新しい取り組みを提案することもできるであろう。

「ニーズ」という概念は，コミュニティ・プロファイルにおいて特に際立ったものである。それは論争のある概念ではあるものの，少なくとも資源配分の決定を行う上で，ニーズ概念は正当な判断根拠となり得るものである。このようにそれは，コミュニティ・プロファイルの重要な要素である。とはいっても，コミュニティ・プロファイルはニーズ・アセスメントとは異なっている。コミュニティ・プロファイルは，ニーズとともに資源を問題とするからである。したがって，それは参加型アプローチやアクション志向を強調する。

第3章において，われわれはコミュニティという言葉がもつ多様な意味について相当詳しく議論する。この導入的な章では，コミュニティに関する幾つかの考え方を簡単に示してみたい。最も一般的な考え方は，同じ地理的地区，例えば団地，村や近隣に住んだり働いている一群の人々のことを意味する。また学区，社会サービス地区やPCT地区といった目的別の行政地区という意味でコミュニティを定義する場合がある。しかし，ほとんどの場合，このような地区はあまりに広いので，コミュニティ・プロファイリング実施に際して，積極的なコミュニティ参加が不可能になるであろう。

他のコミュニティに関する考え方は，共通の利益や一連の性質を共有する一群の人々という意味である。例えば，同じ工場で働く人々は，同じ地区に住んでいないにもかかわらず，同じ利益を共有する特定の目標を帯びているといえよう。同様に，女性，民族的マイノリティ，障がい児・者も，特定の目的のために利益共同体と考えられるであろう。しかし，このアプローチは，実際には存在しない利益の共同性をある集団に想定する場合があり，問題があるといえよう。例えば，民族的マイノリティは，幾つかの利益と経験を共有するであろうが，それはジェンダーや世代に応じて大幅に分断されよう。これは，民族的マイノリティの「コミュニティ」という概念を無効にしないであろうが，「コミュニティの中のコミュニティ」の可能性に留意すべきことを求める。これはまた，もちろん地理的コミュニティにとっても当てはまる。あらゆるコミュニティに内在する多様性や区別は，様々なコミュニティ・プロファイリングの方法にとって重要な意味をもっている（第5章と第7章を参照）。

われわれのコミュニティ・プロファイルの定義は，「積極的なコミュニティ参加」（active community involvement）の概念を含む。地域住民の積極的関与がなくともコミュニティをプロファイリングすることは可能であるが，その場合，重要な情報と洞察は失われるであろう。コミュニティの全面的な協力と参加とともに行われたプロファイリングは，そのコミュニティのより総合的で正確な描写をもたらすであろう。そしてそれはまた，アクション・プラン作りの良き基盤を形成するであろう。コミュニティ・プロファイル作成への参加は，コミュニティがスキル，自信や問題への気づきの発展を通じてコミュニティがエンパワされるひとつの方法といえよう。したがって，コミュニティ・プロファイル作成における積極的参加は，コミュニティ・デベロップメントのより広い過程の重要な一部分といえよう。第3章では，集団形成が困難なコミュニティにおける積極的参加促進の方法について議論する。

定義の最後の部分は，「アクション・プラン」や他のコミュニティの生活の質を高める方法の発展に導くコミュニティ・プロファイル概念に関するものである。ここでは，目的志向やアクション志向であるコミュニティ・プロファイリング実践の重要性を強調したい。コミュニティを記述することは，ある面で地域の歴史グループの記録にちょっと追加することだけや，またエネルギーと熱意が理由もなく費やされたという皮肉を除いて得るものがごく少ししかない場合もあろう。コミュニティ・プロファイルの目的は，そのコミュニティのメンバーの生活の質の向上のための触媒として活動するところにあるべきである。コミュニティ・プロファイリング過程を通じてニーズと資源を発見することから，課題，優先性と取るべき行動を明らかにし，ゴールと目標を設定し，その成果についてのモニタリング手段を提案することが，次の段階として重要である。

コミュニティ・プロファイリング過程の初期の課題として重要なことは，最終成果を誰にみてもらうかの決定である。それは，翻って最終のプロファイルがどのような形になるかに影響を与えるであろう。すなわち，報告書，用語集，エキジビション，DVDやCD-Romや他の情報提供手段である。効果的なコミュニケーションにとって重要なことは，使用される方法やアプローチが，対象とする人たちや影響に適切であることを保障するところにある。第9章におい

て，この課題をより詳しく考察する。

　われわれのコミュニティ・プロファイルの定義の構成要素と同じくらい重要なのが，そのアプローチを支える価値である。最良のコミュニティ・プロファイルとは，単に情報を効果的に，また正確に収集，分析し，提示するだけでなく，一連の価値への忠誠とその実践を反映する中でそれらが行われねばならない。その価値とは，コミュニティがプロファイルされること自体への尊重である。この実際の影響は，コミュニティのメンバーを情報収集を超えてその経験から何かよきものを得る形で，またプロファイルが「やらされている」（done to them）という感じをメンバーに与えない形で，プロファイリング過程に関わらせることである。その利益は，ひとつのコミュニティというメンバー自身の自信の増大，スキル，能力や可能性の形成である。それはまた次のことを意味しよう。プロジェクトの計画は，メンバーの関心をくんだものに他ならないから，メンバーはプロファイリングの早い段階で話を聞かれ，またその意見が反映されることになる。フィールドワークの段階では，注意深くまた秘密厳守で集められた情報は，尊重されねばならないことを意味する。それはまた次のことも意味しよう。すなわち，その過程は，平等の基本原則に則ったものであり，特定の見解に肩入れしたり，特定の集団の見解を排除したり，軽視するものではない。

第4節　本書の構成

　次章から，コミュニティ・プロファイリング過程における様々な段階に読者を案内することになろう。まず，「なぜコミュニティ・プロファイルを行うのか？」という次章では，コミュニティ・プロファイリングを現行の政策という文脈におき，その文脈においてそれの有効性を考察する。第3章では，コミュニティ・プロファイル計画の重要な過程を考える。第4章では，コミュニティ・プロファイリング過程の様々な側面にかかわるであろう利害関係者とは誰かを取り上げ，そのかかわらせ方を考察する。第5章では，読者が作り上げたいプロファイルに最もふさわしい方法を選択する仕方を取り上げる。そして，第6章と第7章では，特定の方法をさらに詳しく考察する。第8章では，デー

タを有益な情報に転換するためにデータをどのように分析するのかを考える。第9章では，プロファイルが行われた後，それが引き起こす影響を取り上げ，その影響を最大にする方法を吟味する。そして，終章では本書を通じて取り上げられた重要事項がまとめられるであろう。

　各章の終わりには，参照リストがついている。さらに，本書の終わりには，文献リストもついている。本書で用いられた主要な用語の解説が付録として付いている。また，本書で言及した調査方法のさらなる技術的側面に関する付録も付いている。

第5節　主要項目のまとめ

　ニーズ・アセスメント，ソーシャル・オーディット，コミュニティ・コンサルテーションやコミュニティ・プロファイルは，コミュニティから，またコミュニティについて，情報を得るという意味ではすべて共通したものである。しかし，関係する機関，コミュニティの関与の程度，そして関与の範囲と目的に応じて，互いに区別される。

　コミュニティ・プロファイリングは，最も広い概念であり，本書の目的である。コミュニティ・プロファイルは，以下のように定義される。

　　他からコミュニティとして定義された，もしくは自らコミュニティと定義した一群の人々のニーズと当該コミュニティに存在する資源の包括的な記述である。それは，コミュニティの生活の質を向上させるアクション・プランや他の方法を発展させるために，コミュニティ自身の積極的な関わりによって行われる。

　この定義のキーワードは，包括的，ニーズ，資源，コミュニティ，積極的関与とアクション・プランである。

　コミュニティ・プロファイルは，多彩な機関によって，多様な目的のために行われる。例えば，公的機関は，中央政府から地域ニーズを評価するためにそれを行うことを求められる。また公的機関は，政策計画，実行，モニタリング

や評価に関する正確な情報を得るためにコミュニティ・プロファイルを用いることもあろう。ボランタリー組織（民間非営利組織）やコミュニティ組織は，不十分な資源のためニーズが充足されないという事実を明らかにするために，またコミュニティのキャンペーンのためにコミュニティ・プロファイルを行うであろう。彼らは，また将来の発展を評価する基準とされる基礎的情報を提供する手段としてそれを用いることもある。コミュニティ・プロファイルが，確固とした基準を提供し得るのなら，それは，より広いコミュニティの発展戦略の一部として用いられるであろう。

参考文献

Archbishop of Canterbury's Commission on Urban Priority Areas (1985) *Faith in the City: A Call for Action by Church and Nation*. London: Church House.

Audit Commission (2006) www.areaprofiles.audit-commission.gov.uk/, accessed 6 December 2006.

Baldock, P. (1974) *Community Work and Social Work*. London: Routledge & Kegan Paul.

Christakopoulou, S., Dawson, J. and Gari, A. (2001) 'The community well-being questionnaire: theoretical context and initial assessment of its reliability and validity', *Social Indicators Research*, 56: 321–51.

Doyal, L. and Gough, I. (1991) *A Theory of Human Need*. Basingstoke: Macmillan.

Henderson, P. and Thomas, D.N. (1987) *Skills in Neighbourhood Work*. London: Routledge.

London Borough of Southwark (1987) *Fair Shares? The Southwark Poverty Profile*. London: London Borough of Southwark.

Merseyside County Council (1983) *The Closure of Smurfit Corrugated Cases Ltd*. Liverpool: Merseyside County Council.

Milson, F. (1974) *An Introduction to Community Work*. London: Routledge & Kegan Paul.

Newcastle City Council (1985) *Newcastle upon Tyne – A Social Audit*. Newcastle: Newcastle City Council.

New Economics Foundation (2006) www.neweconomics.org/gen/newways_socialaudit.aspx/ and www.proveandimprove.org/new/, accessed 31 October 2006.

Packham, C. (1998) 'Community auditing as community development', *Community Development Journal*, 33(3): 249–59.

Percy-Smith, J. (ed.) (1996) *Needs Assessments in Public Policy*. Buckingham: Open University Press.

Skinner, S. (1997) *Building Community Strengths: A Resource Book on Capacity Building*. London: Community Development Foundation.

Twelvetrees, A. (1991) *Community Work*. Basingstoke: Macmillan.

第2章 なぜコミュニティ・プロファイルを行うのか？

　コミュニティやボランタリー組織，公的機関が，地域コミュニティのプロファイルを活用したい理由は何か。本章でそれを検討するが，その理由は様々である。プロファイルを行う理由と，もたらされる利益を明確にすることが，計画過程にとって重要な第一歩である。まずコミュニティの視点から，次いで公的サービスと公共政策とプログラムの計画と実施に対する責任の視点からその理由を考える。もちろん，現実にはプロファイリングを実施する理由と利益は，コミュニティと公的サービスの違いを超えて似通っている。

　1960年代以降，政府の政策意図は，コミュニティに関連した問題に対応しようとするものが多かった。この政策は様々で，その価値と哲学を競うほどの多様さによって特徴づけられている。しかし，そこでは何度も繰り返されているテーマがある。すなわち，コミュニティ内の「能力形成」（capacity building），分権化を通した不利益な（貧しい）コミュニティにおける公的サービスの改善，そして単一の問題としてよりも，社会，経済，物理的側面と総合的にかかわるコミュニティ・デベロップメントや近隣再開発に，全体的かつ統合的アプローチを採用することの重要性の認識である。コミュニティの全体的ニーズのプロファイリングは，こうしたテーマを反映しているが，それは以下の引用に適切に表現されている。

　　効果的な都市政策構想を進めるために作成された総合的プロファイルは，地域コミュニティの肯定的要素と否定的要素の理解に役立つだけでなく，人々の行動とコミュニティの機能を理解するうえでも貢献するであろう。例えば，プロファイルは，人々がコミュニティをどのように認識しているかだけでなく，コミュニティで生じている社会的相互作用の種類と規模を明らかにするであろう。　　　　　　　　　　　　　　　（Christakopoulou *et al.* 2001）

第1節　プロファイルをコミュニティで実施する理由

コミュニティ集団や住民集団は，広範で多様な理由から，様々なコミュニティ・プロファイリング活動を行っている。主要な理由は，以下の節に概略を示している（理由を整理した図2.1も参照）。実際には，多くの場合，それぞれのコミュニティ・プロファイルごとに，実践するための様々な理由がある。図2.2は，North Somerset のコミュニティ・デベロップメント・ワーカーが実施したコミュニティ・プロファイルの目的を示している。

■理解とコミュニティ能力の構築

幾つかのケースでは，コミュニティ・ワーカーや地域支援をしている他の専門職が，コミュニティ・デベロップメント過程の初期段階としてコミュニティ・プロファイルを使用する。ここでのプロファイリングの意図は，コミュニ

図2.1　なぜコミュニティ集団は調査を行うのか？

コミュニティ集団が実施する調査は，以下のことに役立つ

- 集団や地域コミュニティに特有のニーズや不足をアセスメントすること
- 住民のニーズが充足しているかを明らかにすること
- サービスの動向（trends）を明らかにすること
- 既存の地域のサービスと組織をマッピングし，他に行われていることがないかを明かにすること
- サービスやプロジェクトをモニタリングし，評価すること

以下のことにも役立つ

- 資金調達，ロビー活動，キャンペーンのために情報を提供すること
- 住民にとって最も良い方法でサービスや活動を提供すること
- 優先順位を決めて，限られた資源の最善の活用を図ること
- サービスを利用する住民と良い関係を築くこと
- 住民が，団体や組織にかかわるように働きかけること
- 団体や組織が，利用者に開かれて責任をもつようにすること

出典：ARVAC（2001）Community Research:Getting Started. London: ARVAC: 2

図 2.2　North Somerset, Locking Castle East 地域プロファイルの意図

- Campas 地区のコミュニティ・メンバーに地域施設の情報提供をすること（コミュニティの住宅施設）
- コミュニティのニーズを発見すること
- 関連機関が，地域コミュニティとどのようにかかわるのかを検討するために，情報を収集して報告書を書くこと

出典：North Somerset Council（2005）Area Profile: Locking Castle East: 7

ティ・プロファイルの実践過程を通じて，地域住民がコミュニティに活発にかかわるようになり，コミュニティに影響を与えている問題をその強みを含めて気づいてその理解を増し，また新しい技能を獲得し，できれば自信を高めるということである。このアプローチの例としては，SCARF（スコットランド・コミュニティ・アクション・リサーチ基金）プロジェクトがある。2002 年にスコットランドで開始されたこのプロジェクトは，住民が自分たち自身のニーズを調査する技能を発展させ，その有効性を高めようとするコミュニティ団体に資金を提供するものである（付録 3 の SCARF の説明を参照）。

　コミュニティ・プロファイル実施の第一の理由が，コミュニティ能力の形成である場合，最終結果よりも，プロファイリングの過程に重きを置くことが最も強調される。この種のコミュニティ能力形成の基盤を提供するプロファイル活動においては，次の基準を満たす必要がある。第一に，その活動のすべての段階（計画，デザイン，フィールドワーク，データ分析とフォローアップ）において，当該コミュニティがかかわっていなければならず，その過程と結果の両方に当事者意識（a sense of ownership）を持てることである（コミュニティのかかわりについてのより詳細な検討は第 4 章参照）。したがって，これは，準備と計画に充分な時間を費やさねばならないこと，さらにコミュニティ・メンバーが関われるようにそれ以降の諸活動が適切なペースで行われなくてはならないことを意味する（コミュニティのメンバーの技能を高めるためのコミュニティ・ニーズ・オーディットの例としては図 2.3 参照）。

図 2.3　技能向上を目的とするコミュニティ・ニーズ・オーディットの例

Chapeltown と Harehills コミュニティ・ニーズ・オーディットの目的は，「Chapeltown と Harehills の多様なコミュニティで明らかにされたニーズ，恐れや希に真の意味を与える質的調査を提供できるようにコミュニティのスキルを高めることである。コミュニティ・デベロップメント財団は，コミュニティ・デベロップメントの視点から，大学公開ネットワーク公認コースを開講する権限を与えられた」。本コースで地域住民は社会調査のスキルを訓練され，そのスキルを身につけて，コミュニティ・ニーズ・オーディットを行った。

出典：Leeds City Council（2000）Getting to Know Your Community. Chapeltown and Harehills Community Needs Audit. Leeds: Department of Housing and Environmental Health Services

　第二に，コミュニティ・プロファイリング過程は，一方でプロジェクトをとどこおりなく進展させつつ，しかもコミュニティ・メンバーがアイデアと選択を話し合える多くの機会を提供する必要がある。加えて，広範なコミュニティと対話を促し，フィードバックを促進するような仕組みを過程に組み込む必要があろう。

　第三に，プロファイリング過程は，ニーズ・アセスメントを超えて，コミュニティ内の強み（strengths）と機会（opportunities）を発見し，それらを関連付けていく積極的な活動になるようにすべきである。

　能力の形成，スキルの向上，そしてコミュニティの一員であるという自覚をとおして，プロファイルは，一層，そのコミュニティに根差した活動を行う意欲を生み出すことができよう。例えば，コミュニティ・プロファイリング活動は，地域で就学前児童をかかえる単親の孤立を浮き彫りにするかもしれない。そこからコミュニティは，父母会のセッションやプレイ・グループの展開を通じて，この問題に取り組もうと思うかもしれない。

　加えて，特に，社会ケア，図書館，情報サービス，地域保健，青少年コミュニティワークに関連した実践者が主導するコミュニティ基盤実践者調査の長い伝統がある。典型的には，こうした調査は，着任したての実践者が地域について習熟したり，新規のプロジェクトやプログラムの前提として，地域ニーズを

第2章　なぜコミュニティ・プロファイルを行うのか？　*19*

図 2.4　青少年コミュニティ・プロファイル

> 　青少年コミュニティ・プロファイルは，青少年に影響を与えるものとして，ワーカーにとって計画ツールであり，地域の描写が含まれている。そこには，青少年の経験と将来を示す重要な情報が含まれるべきである。また，多様な資源から得られた統計的エビデンスと質的情報の両者が含まれている。それは，地域チームと共同で，青少年と主要パートナーたちと共に，地域を熟知した定評のあるワーカーによって作成されよう。

出典：National Youth Agency,www.nya.org.uk/, 2006 年 12 月 6 日閲覧

さらに発見するために行われる（例えば，Fuller and Petch 1995 を参照）。図2.4 では，ケースワーカーのための「計画ツール」として活動するようにデザインされた青少年コミュニティ・プロファイルの内容が示されている。

■コミュニティ・キャンペーンのサポート

　ボランタリー組織は，コミュニティには充足されないニーズがあることや，特定のサービスや資源が欠けていることをサービス提供者や公的機関に明示する手段としてコミュニティ・プロファイリング活動を利用してきた。コミュニティ・プロファイルは，特定の地域開発に反対するキャンペーンを推進する基盤としても使用されてきた。特にソーシャル・オーディットは，地域の工場閉鎖や郊外の大型ショッピングセンターの進出の効果といったコミュニティの生活の質に及ぼす影響や効果を証明する手段として使用されてきた。さらに，貧困の諸問題に光を当てたり，社会正義を呼び覚ます下支えとして，コミュニティ・プロファイルを含むコミュニティ基盤の調査が用いられてきた長く誇らしい伝統がある（Green 2000 参照）。コミュニティ・キャンペーンの一部として実施されているコミュニティ・プロファイルの例としては，図 2.5a と 2.5b を参照のこと。

■資金申請のサポート

　コミュニティがコミュニティ・プロファイリング活動にかかわることが益々重要になってきたのは，多様な基金への申請をサポートするという理由からで

図 2.5a　Govanhill コミュニティ・プロファイル

　Govanhill コミュニティ・デベロップメント・トラストが委託したコミュニティ・プロファイルは，効果と更なる資源との良好で幅広いコーディネーションを含むもので，コミュニティの再生を可能とする情報が用意されていた。その報告書は，Govanhill コミュニティ・デベロップメント・トラストにコミュニティにかかわる主要な課題に対する戦略的な見通しを提供している。すなわち，

- Govanhill コミュニティ・デベロップメント・トラストは，地域コミュニティによって確定された優先順位と適合するようにその活動を調整すること
- 地域が将来直面するであろう資源の不足を明確にすること
- 「Govanhill 計画」を明確に策定すること

出典：Govanhill Community Development Trust（日付不明）Govanhill Community Profile.Glasgow: Govanhill Community Development Trust: 2, www.povertyalliance.org/html/resources/publications/GOVANHILL_pages.pdf

図 2.5b　South Leeds におけるイスラム教徒の高齢者とその介護者のニーズ

　South Leeds 高齢者団体（South Leeds のアジア系高齢者のニーズに応じるために設立されたコミュニティ組織）が，コミュニティ・ニーズ分析を委託した。アジア系高齢住民への既存のサービスは不十分であるように思われ，アジア系高齢者とその介護者のニーズをアセスメントするために地域調査が始められた。その調査によって，その団体は，現段階の社会サービスと保健対策におけるギャップを明確にできた。質問紙は，Leeds Metropolitan 大学の支援で作成され，フィールドワークは，二名の地域デベロップメント・ワーカーと訓練された幾人かのボランティアが実施した。調査で明らかになったことが，地域の一連のサービス改善勧告の元になった。

出典：South Leeds Elderly Group（1998）Muslim Elders and Their Carers: Needs in the Community. Leeds: South Leeds Elderly Group

ある。資金提供団体の多くが，資金を必要とする特定のサービスや施設のニーズがあること，また申請したサービスや施設が既存サービスにどう関連しているかを証明するよう申請者に要求しているのである。例えば，Big Lottery

Fund's（BLF）Community Buildings プログラムの申請条件は，申し込むプロジェクトのニーズが何かを説明し，そのニーズがいかに確定されたのかを述べるように求めている（Big Lottery Fund 2006）。さらに，申請者は，そのプロジェクトから利益を得るであろう住民や組織がどういうものか，また住民や組織はどのように支援されるのかを明記するように求められる。コミュニティの既存の建造物の利用状況や将来の利用の可能性に焦点化したコミュニティ・プロファイルは，この種の情報を作成するうえで有益な方法といえよう。他の基金の多くの申請用紙でも，同じくこのような情報を要求している。

第2節　法定サービスと政府プログラム

■利用者によるフィードバック

　「コミュニティ参加」（community participation）とコンサルテーションをめぐる近年の関心の一端は，1980 年代にそのルーツをもち，サッチャー政権が市場原理を公的サービスの提供に導入しようとしたことに遡る。これには，「利用者」（customer）の望むものに応える必要性が含まれ，それは利用者の声を聴く方向にむかった。このアプローチの幾つかは新しい労働党（New Labour）において行われたが，特に，公的サービスの責任性を可能なものにさせる手段として，市民のかかわり（involvement）や参加（participation）に焦点が当てられた。さらに，新しい労働党の「社会的排除」（social exclusion）を重視した政策は，不利益コミュニティが，単一的問題に焦点化するだけでは手に負えない多様で相互関連した問題に典型的に直面しているということを明らかにした。このことはまた，問題に取り組む活動に入る前に，コミュニティの包括的かつ多面的な構図を描き上げるアプローチを取ることを支持した。

■エビデンスを基盤とした政策と実践

　最近，エビデンスを基盤とした政策と実践運動が，コミュニティ基盤調査の推進役として働いている。「エビデンス基盤」（evidence-based）であるべきということ，言い換えるなら，政策は最善の利用調査とエビデンス（証拠）によ

図 2.6　調査の法定条件：コミュニティ・プロファイル・アプローチにかかわる例

- 住宅ニーズのレビュー（1985 年住宅法）
- 犯罪と無秩序戦略（1998 年犯罪無秩序法）
- コミュニティ戦略（2000 年地方自治法）
- 幼児発達と児童ケア計画（2002 年教育法によって改正された 1998 年学校基準と枠組み法）
- アクセス戦略（2001 年特別教育ニーズと障害法）
- コミュニティ・ケア・サービス計画（1990 年国民保健サービス・コミュニティ・ケア法）

出典：Solesbury and Crayson（2003）

って作られねばならないということが，近年の政策基調になってきている。地域の政策と実践は，エビデンスによって正当化されるべきということが，まさに地域レベルの事例において起きているのである。このエビデンスは，ニーズ，消費者やサービス利用者の視点，あるいは評価的研究とレビューによる「何が有効か」という知見に関連しているであろう。地域レベルのコミュニティ・プロファイルは，地域サービスの将来の発展のための基本計画に，豊富なエビデンス資源を提供するであろう。

■法定の条件

　地方自治のある領域においては，調査を実施すべきという特別な法定条件がある。ほとんどの場合，こうした条件は，計画，戦略ないしは政策方針の準備に関連して見られる。最近の報告書（Solesbury and Grayson 2003）では，調査を実施する法定義務を課す地域と，法定条件を埋める調査の必要性が明白に成文法に記載されていない地域の二種類があることが示されている（図 2.6 参照）。もっとも，双方において，何らかのコミュニティ基盤調査を含むことが示唆されている。

■ニーズと活動の優先順位の確定と対応

　公的サービスの提供に関して近年のアプローチを貫く重要なテーマは，より

効果的に地域ニーズを確定して対応することである。それは明らかに，地域サービスの目標をより的確に把握し，資源のより効率的な開発をもたらすことを意味しよう。この目的に向けて，多くの地方自治体とその他の機関が，地域の行政データを分析したり，時にはマッピングする洗練されたシステムを大いに構築してきた。例えば，1985年住宅法では，地方自治体が地域の住宅ニーズについて定期的な見直しを実施するよう求めている。さらに，オーディット委員会地域プロファイル・プロジェクト（Audit Commission 2006）は，地域の公的サービス提供者が，「地域改善において最も必要な課題に特に明確に焦点化」できるようにすることが，合理的根拠として重要であるとしている。

　地方自治体に対する政府10ヶ年ビジョンの主要テーマは，より多くの人々を地域と近隣での意思決定と優先順位設定にかかわらせることである。その一側面として，既存サービスの満足度や将来の優先順位といった広範囲の話題に対する地域の人々の意見を明らかにしようとするコンサルテーション活動が増加してきている。

■サービス計画における「地域の知識」（local knowledge）の利用

　警察とコミュニティの安全，環境，児童ケアといった政策の多くの領域において，専門職や「専門家」（expert）が常に最善を知っているわけではなく，彼らの技術上の知識は，「地域の知識」として知られる知識を通じて，その専門的知識が向上することが分かってきている。言い換えると，コミュニティの生活と労働から人々が得る知識は，サービス提供の方法に影響を与える得る洞察を提供する。そういうわけで，公的機関は地域の知識を把握し，それをサービスの計画と実践に活用しようと努めてきた。これに関連して，プログラムとプロジェクトの評価においても，受益者や他の利害関係者の見解を考慮すべきという認識が見られる。

　サービス利用者，特に精神保健サービスの利用者，障がい者，知的障がい者や介護者といったそれぞれ別の「コミュニティ」を構成している人々の見解は，保健サービスと社会ケア・サービスの発展と提供に関して特に重要になってきている。その結果，専門家が地域の知識を取り入れるために，利用者グループにかかわる地域コンサルテーションが増えてきている。

■将来の進展を測定するための起点（baseline）の提供

公的サービスの近代化の段階の一部として，公的サービスの有責性（accountability）を強調することが増えてきている。その結果，広範囲にわたる指標と尺度が，公的機関の業績評価や，一般住民への業績報告のために発展してきている。これは，Best Value，教育に関する事例，また一般的な包括的業績評価得点を用いる地方自治体に関する事例が，上記の流れに該当するものとしてあげられる。これらの業績指標や尺度は，調査やデータ収集実践によって実証される。

第3節　政府主導の政策

コミュニティ基盤調査を遂行するこのような横断的な理由に加えて，近年，幾つかのより特殊な政策構想が，コミュニティ基盤調査にある種の意味を与えている。しかしながら，これらすべての実践が，コミュニティの参加や，エンパワメントに疑いもなく貢献しているのではないという議論がある（Jones and Jones 2002 参照）。

■持続可能なコミュニティ

2000 年地方自治法以来，イングランドとウェールズの地方自治体は，その地域を対象にしたコミュニティ戦略（community strategy）を立てることを求められている。それは，経済的，環境的，社会的目的を結合した共有化された長期ビジョンである。スコットランドでは，コミュニティ計画（community plans）が 2003 年スコットランド法のもと地方自治体の主導で行われている。このコミュニティ計画の過程は，地方自治体によって導かれているが，広範囲の地域パートナー，通常は地域戦略パートナーシップ（Local Strategic Partnerships）を通じて，協働事業として実施されている。コミュニティ戦略指針は，地域コミュニティの連携と参画の重要性，およびニーズと資源の利用可能性ついて適切なアセスメントを行うことの重要性を強調している（DETR 2000）。

この過程は，近年，2006 年地方自治白書（DCLG 2006a）を通じて一層定着

してきている。この白書では，持続可能なコミュニティ戦略の発展のためにパートナーと協働する地方自治体の役割を強調している。地域に対する政府戦略のさらに一歩進んだ要素は，人々が近隣レベルの広範囲の活動に参加するようにエンパワメントすることである（DCLG 2006b）。持続可能なコミュニティ戦略の重要な部分は，地域計画の合理的根拠を提供するために，（地域ニーズと優先順位についての）エビデンスを使用することである。

コミュニティ計画実践は，またそのほか，教区（parish）と市場町（market town）のようなレベルでも行っている。郊外機関（Countryside Agency）のような機関は，このような企画（Countryside Agency 2002 参照）を推進する手段となっている。教区議会向上企画（Quality Parish Councils scheme）は，教区議会（parish council）と町議会（town council）は，「当該コミュニティのニーズと要望を明らかにする」基準を有している。その結果，ここ 10 年，村と教区の評価（village and parish appraisals）の増加が見られる。

■**近隣再開発**

2001 年以来，継続的に出されている文書に見られる近隣再開発に関する政府のアプローチには，以下の見解が示されている。まず，地域を体系的にアセスメントすることが近隣再開発過程の重要な初期段階である。またコミュニティ基盤アプローチの成功は，地域をどの程度徹底的に理解したかによって影響を受けると考えられる。例えば，住宅再開発に関連して，地域アセスメントを実施する理由は，そのガイダンスに明確に述べられている（図 2.7 参照）。

「全国近隣再開発戦略（the National Strategy for Neighbourhood Renewal）」（Social Exclusion Unit 2000）は，最不利益地域に生活する人々のニーズに取り組む広範囲計画を立ち上げた。二つのプログラムが，ここでは特に重要である。第一は，「コミュニティのニューデール」（New Deal for Communities）であり，そこではプログラムの後援のもとで実施された再生活動は地域住民が代表する委員会によって監視されるべきであり，さらに，プログラムは地域コミュニティで確認されたニーズに対応して発展すべきであるとの考えが，中心的重要事項となっている。これによって，優先順位を定めるために地域コミュニティに働きかけるといった NDC 内における地域ニーズの詳細な分析が行われ

図2.7　近隣再開発アセスメントをすべき理由

- 地域に影響を与えている社会経済的要因と環境要因を理解する文脈を提供してくれるため
- 投資の決定に際して考慮すべき当該地域の近隣の深い知識を提供してくれるため
- 投資決定の過程において，すべての利害関係者と話し合える透明性のある枠組みを提供してくれるため
- エビデンスに基づく政策を保障してくれるため
- 住宅活動と他の活動の一層の統合を促進してくれるため
- 課題の詳細な理解によって，よりよいサービス提供に導いてくれるため

出典：ODPM（2004）Neighbourhood Renewal Assessment. Guidance Manual 2004.London: ODPM

るようになった。第二のプログラムは，「近隣マネジメント」（Neighbourhood Management）である。このアプローチの中心的な考え方は，最も効果的に地域住民，特に不利益地域に住む人々のニーズを満たすために主流のサービスを「傾斜」（bent）配分するところにある。その目的は，近隣レベルで個人やチームをマネジメントしながら地域サービスを提供することである。近隣マネジメントは，地域サービスに人々の意見が反映されるために，地域住民の知識を活用しようとしている。それゆえ，地域ニーズの理解は，近隣マネジメントの成功にとって決定的に重要である。

第4節　主要項目のまとめ

コミュニティ・プロファイルは，これまで政策と実践に有益な貢献をしてきたし，現在も様々な有益な機能を提供し続けている。事実，コミュニティ・プロファイルは，今日の政府の政策の重要な基準に密接にかかわっている。すなわち，それは以下の必要や条件を満たす働きをしている。政策，プログラムや自治体の法定サービスは，地域ニーズと優先順位を確定しそれに応じることが求められる。サービス供給における効果を実証するためと有責性を担保する条件として必要である。社会的不利益に対処するためにより全体的なアプローチ

を発展させる必要がある。これらのテーマは，以下の二つの主要な企画に最も
よく反映されている。すなわち，地域コミュニティ戦略や計画を実施するとい
う地方自治体に課せられた義務と，近隣再開発という国家戦略である。コミュ
ニティ・プロファイルは，これらの企画やプログラムに重要な貢献を成してい
る。

　法的機関によって実施されたり，政府のプログラムに対応して実施されるコ
ミュニティ・プロファイル以上に大切なプロファイルは，コミュニティ組織に
よって，あるいはそれと協働して行われるものである。その典型例としては，
地域でのコミュニティ・デベロップメントの広範なプログラムの一部として実
施され，コミュニティ自身でよりよく活動ができるようになるために，コミュ
ニティの能力，自信，スキルを打ち立てるように計画されたものがあげられる。
さらに，コミュニティ組織は，資金獲得を支援するためや，地域ニーズを満た
すサービスの拡大や発展のための圧力となるように，コミュニティ・プロファ
イルを活用する。

参考文献

Audit Commission (2006) www.areaprofiles.audit-commission.gov.uk/, accessed
　　6 December 2006.
Big Lottery Fund (2006) www.biglotteryfund.org.uk/prog_community_buildings/,
　　accessed 6 December 2006.
Christakopoulou, S., Dawson, J. and Gari, A. (2001) 'The community well-being
　　questionnaire: theoretical context and initial assessment of its reliability and
　　validity', *Social Indicators Research*, 56: 321–51.
Countryside Agency (2002) *Parish Plans – Guidance for Parish and Town Councils*.
　　Cheltenham: Countryside Agency.
DCLG (Department for Communities and Local Government) (2006a) *Strong and
　　Prosperous Communities*, Cm 6939. London: The Stationery Office.
DCLG (2006b) *Citizen Engagement and Public Services: Why Neighbourhoods Matter*.
　　London: The Stationery Office.
DETR (Department of the Environment, Transport and the Regions) (2000) *Preparing Community Strategies: Government Guidance to Local Authorities*. London: The
　　Stationery Office.
Fuller, R. and Petch, A. (1995) *Practitioner Research: The Reflexive Social Worker*.
　　Buckingham: Open University Press.
Green, R. (2000) 'Applying a community needs profiling approach to tackling

service user poverty', *British Journal of Social Work*, 30: 287–303.

Jones, J. and Jones, L. (2002) 'Research and citizen participation', *Journal of Community Work and Development*, 1(3): 50–66.

Social Exclusion Unit (2000) *A National Strategy for Neighbourhood Renewal: A Consultation Document*. London: The Stationery Office.

Solesbury, W. and Grayson, L. (2003) *Statutory Requirements for Research: A Review of Responsibilities for English and Welsh Local Government*. London: LGA/LARIA.

Taylor, M. (2003) *Public Policy in the Community*. Basingstoke: Palgrave.

第3章 コミュニティ・プロファイルの計画

　コミュニティ・プロファイル実施の決定後，次にすべきことはプロファイリングの計画である。これは，プロファイリング過程のきわめて重要な部分であり，計画に十分な時間を費やすことに失敗すれば，そのあと禍根を残しやすい。本章では，図3.1に表示された計画において考慮すべき各段階が示される。そして，ここでは，その中のふたつの段階，すなわち「基盤の準備」と「目的と目標の設定」にかかわる課題と選択について詳しく議論する。第5章の方法の決定とともに，これらの段階は，コミュニティ・プロファイリングの計画と意思決定にかかわる要素である。そのため，本章ではそれを詳しく議論する。情報収集，データ分析，結果の提示と行動計画にかかわるプロファイリング過程の各段階は，本章以下の章で詳しく述べられる。

第1節　基盤の準備

　プロジェクトの当初，特定のコミュニティ，調査したい住民や問題に関する仮説について，プロファイルを行う計画を立てようとするであろう。アイデアの段階からプロファイルを実践の段階に移すためには，幾つかの達成すべき課題がある。それらは，すべて重要である。なぜなら，それらが，大部分の，将来の働き，範囲と働き方の基調を定めるからである。これらの課題を達成すべきという規範より，それらを実際に完成させることが大切である。

■主導グループの設置

　第4章では，コミュニティ・プロファイリング過程における幅広い利害関係者の参加の重要性が強調されている。したがって，最初に取り掛かるべきことは，プロジェクトの主導グループの形成を通じて，幅広い人々のかかわりを促進することである。プロジェクト主導グループ（a steering group）の形成に

図 3.1　コミュニティ・プロファイリング過程の段階

〈基盤の準備〉

- 主導グループの設置
- 初期計画
- 接触
- 他者の経験からの学習
- 資源の発見
- コンサルタントや専門調査者の雇用
- マネジメント構造の形成

〈目的と目標の設定〉

〈方法の決定〉

〈フィールドワーク〉

- 質問紙などの情報収集ツールの準備
- データ収集にかかわるスタッフの教育
- 「新しい」情報の収集
- 情報の記録
- 情報の分析

〈報告〉

- フィールドワークの報告
- プロファイルの原案作成
- 原案のコンサルテーション
- 原案の修正
- 最終的なプロファイルの作成
- 調査結果の宣伝

〈アクション〉

- 主要課題，優先度，アクションに関するコンサルテーション
- コミュニティ・アクション・プランの原案作成
- アクション・プラン原案のコンサルテーション

- アクション・プランの作成
- アクション・プランの宣伝
- 実行
- モニタリングと評価

どれほど力を入れなければならないかは，当該コミュニティ・プロファイルを行う考えがどのようないきさつで生じたのかによるであろう。既にその理念に共鳴する一群の人々を有している場合がそれに当たるであろう。もしそうでなかったら，そのプロジェクトの運営方針決定までに，仕事を指示し，運営するグループを作らねばならないであろう。主導グループの大きさは，プロジェクトによって様々であろう。また，コミュニティの規模，プロファイルの範囲やそれに費やされる時間や熱意によるであろう。小では2，3人，大では12，13人といったところであろう。人数に関していえば，少ない方が効果的であるが，関係者を排除しないということでは，多い方がよいであろう。第4章で，プロジェクトのこの段階で利害関係者を参加させることについて，さらなる考察が行われる。

　主導グループを作るためにメンバーを集める方法はいろいろある。そのプロジェクトがある特定の立場によって最初から支配されないようにするために，（たとえ，そのプロジェクトが単一の機関によって主導されていても）別の多様な組織でその考え方に共鳴している人，コミュニティの他のセクションを代表する人，異なる見方を提供してくれそうな人を採用することが，その目的である。その方法のひとつとして，広く公表され，参加が歓迎される旨を示した場所で公開集会を行うことがあげられる。このアプローチで問題となるのは，達成すべきことを捻じ曲げようとする人，また理解している人と理解していない人を見分けることができない点である。

　他の方法は，当該のコミュニティのできるだけ多くのグループや個人にしたいこととその理由を載せた手紙を書いて，集会への参加を促すことである。コンタクト先と考えられるグループや組織の例は，図3.2にリストアップされている。もちろん，接触したいグループの種類は，プロファイリングしたい地理

図 3.2 最初の主導グループ会議に参加を求めるべき個人，グループと組織の例

公的サービス
- 成人ケア・サービス
- 幼児サービス
- 児童サービス
- 要保護サービス
- 住宅とホームレス・サービス
- 警察
- 図書館
- レジャー，スポーツ・センター
- 地域の学校
- 地域の高等教育機関
- 計画部
- 保健センター
- 青少年サービス

ボランタリー / コミュニティ組織
- 借家人，居住者グループ
- 黒人と少数民族グループ
- 近隣協会
- 信仰グループ
- 高齢者ランチ・クラブ
- Age Concern（高齢者支援団体），Shelter（ホームレス支援団体），Mencap（知的障がい者支援団体）といったキャンペーン・グループ

パートナーシップ組織
- 地域戦略パートナーシップ
- New Deal for Communities や Sure Start（地域貧困児童・家庭支援）といった地域基盤企画

コミュニティ代表者
- 自治体議員（パリッシュ，郡 / 市，州）

- MP（国会議員）
- MEP（欧州会議員）
- 他のコミュニティ・リーダーと地域委員会やフォーラムの代表者

　営利団体代表者
- 地域のショップ
- コミュニティの労働者を雇う雇用者

的コミュニティや，共通の利益を有する集団に応じて多様であろう。前者なら，そのコミュニティで公的サービスを提供している組織の代表者を招くであろう。後者なら，特定のグループへのサービス提供責任を有する人を招くことになろう。例えば，ある市の女性のプロファイリングをしたい場合，女性サービスに責任を有する地方自治体や，女性問題を取り上げて活動しているグループや組織を招くことになるであろう。

　さらに，ボランタリー・サービス協議会（それは接触のための有益な出発点となろう）といった利用したい多様な資源を有するグループの代表者や，地域の大学でコミュニティ・デベロップメントや社会科学的調査方法に関心をもつ人々を招くこともあろう。

　一般に，組織より個人宛に案内状を送った方がよい返事をもらえるであろう。もし，「間違った」（wrong）相手に送付したとしても，彼はより適切な人にそれを回してくれるだろう。個人，グループ，組織に参加案内状を送付する場合，出席の可否と欠席でも今後の報告を必要とするのか否かを尋ねる切り取り線付き返信部を添付するのは良い考えである。

　会議では，取り組むべきことの理由を明確に述べ，またその会議の目的を説明する必要があろう。会議終了前までに，図3.3 にあげられたすべての目的を達成するようにすべきである。初回会議では，それで十分であろう！　しかし，主導グループが真に効果的に機能する前にすべきことはたくさんあるので，会議終了後すぐに開く次回会議の開催日を決定するように努めなくてはならない。次回会議では，グループそのものと，それがどのように機能すべきかに注目する。取り組むべき問題は，図3.4 に示されている。それは，時間のかかりそう

図 3.3　初期の主導グループ会議の目的

- 広義の何をするプロジェクトかについての理解を共有すること
- 人々はそのプロジェクトをどの程度良きものとしてとらえているかについて見解をもつこと（もし多くの人々が賛意を有していないのなら，引き下がり，再考する必要があろう）
- 自ら主導グループに参加すると名乗り出たグループから確約をえること
- 主導グループの権限の同意
- 次に取るべき段階の確認
- 次回会議の時間と場所

図 3.4　主導グループの組織化

- 主導グループは，適切な規模で構成されているか？
- この段階で，参加させる必要のある人はいるのか？
- グループは何回，会議をするのか？
- 誰が会議を招集するのか？
- 議事録はあるのか？　もしあるのなら，誰がそれを書く責任を有するのか？
- それらの文書にアクセスを許されるのは誰か？
- 議長はいるのか？　もしいなければ，どのように会議は組織化され，コーディネートされるのか？
- 会議開催場所はどこか？

な議論であるかもしれないが，主導グループがプロジェクト・マネジメント・グループでもあるのなら，それは非常に重要なことである。もし，主導グループが後ほど，別のプロジェクト・マネジメント・グループに受け継がせるつもりなら，幾つかの問題は，その時まで残しておくのが良いと思うかもしれない。この問題に取り組むことによって，グループは，プロファイルに関係するより本質的な問題にポジションを移すことができる。

　早急に行わねばならない6つの課題がある。すなわち，コミュニティの仮の確定とそのプロファイルがかかわる課題を含む初期計画，関係するコミュニティ・グループとリーダー，主要活動家への接触，他者の経験からの学習，利用

可能な資源，コンサルタントや専門調査者との契約，マネジメント・システム
の構築である。順次，これらの詳細を見ていく。主導グループのメンバーにこ
れらの課題の遂行の責任を割り振らねばならない。そのため，仕事を分担させ，
メンバーの熱意とやる気を維持しなければならない。

■初期計画

　プロセスのこの時点で，ある理念をもった有用な行動グループを有している
とすると，次の課題は，その理念を作業可能なものにすることである。最初に
すべき重要な決定は，プロファイリングしようとするコミュニティとはどうい
うものなのかを正確に定めることである。もし，地理的コミュニティに関心が
あるなら，その地域全体の街路マップから出発するのが有益である。公園，鉄
道，自動車道路や主要道路といったコミュニティにとって「自然な」境界をマ
ークすることから始める。これは一部の境界をはっきりさせるであろうが，す
べての境界を決めるまでは至らないであろう。コミュニティを定めるには，さ
らに少なくとも三つのことを考慮に入れなければならない。まず，コミュニテ
ィや近隣の範囲について地元の意見を聞くのが一般的である。二番目は，コミ
ュニティと関わる行政区の有無である。これは，かかわろうとする境界に関す
るデータを調べるのが手っ取り早い。最も分かりやすい行政区としては，アウ
トプット・エリア，投票区（Polling Districts），また保健，住宅や社会サービ
スといった行政的境界をあげることができる。現実には，これらが一致してい
ることは稀であるが，それらがあることを少なくとも知っていることが大切で
ある。最後は，マネジメントできる規模を考慮してその境界を決める方法であ
る。

　他方，対象とするコミュニティが，「利益コミュニティ」（community of
interest）の場合，例えば，女性，少数民族や青少年においても，境界を確定
する必要があるだろう。例えば，女性とは，郡か市か市の一部かどれに含まれ
る女性をさすのか？　「青少年」（young people）とは，どの年齢層をさすの
か？　正確に言うとどの少数民族に興味があるのか？　対象コミュニティを決
定する方法をどうするのかさらに考慮を重ねねばならない（サンプリングにつ
いては，付録2にその情報が記載されている）。

初期計画の一部として遂行せねばならない次の作業は，コミュニティ・プロファイルとして調べたいと思う仮の調査課題リストの作成である。そのプロファイルは，人々に影響を与える健康，住宅，環境，雇用，福祉サービス，教育，保育，交通等の包括的な課題を意図したものか？　それとも，スキル，トレーニングや雇用，または福祉関係のニーズと資源といった特定の課題に焦点を当てるものか？　初期の段階では，他のグループに広く相談することはせずに，このリストを仮のものとみなすべきである。

■接触の開始

プロファイルの範囲について明らかにし，初期のコンサルテーションを始めたら，確定されたコミュニティ内において接触を図るのが次の段階である。既にコミュニティ内の主要な個人と組織のリストを整えているであろうが，主導グループはそれを充実させる必要がある。リストをできるだけ完璧に編集した後，プロジェクトの情報を知らせ，サービスと協力を求め，できるだけ多くの人と話し合うべきである。このプロセスは，まず，プロジェクトの詳細，一週間以内のコメントの依頼とプロジェクト会議の調整のために電話があると記載された手紙を送付することから始まる。この段階で，すべての対象者とグループに合う準備や時間が取れない場合は，少なくとも最も重要だと思われるコミュニティの「要の人」（gatekeepers）（例えば，少数民族が主流の地域ではその民族の代表者）や横断的に例えば，ボランタリー組織，コミュニティ，公的組織の代表者や議員等に会うことが大切である。接触の優先順位を決めねばならない場合は，そのコミュニティの政治状況に注意する必要がある。この段階で，接触しなかったため，反感を抱く個人やグループがいるかもしれない。

（真の代表ではないかもしれない）グループの代表やリーダーとのみ接触するよりも，親子グループ，借家人協会などと接触する方がよいかもしれない。そこで，次の会議の間そのプロジェクトの説明をし，質問，コメント，示唆や援助の提供を促すために半時間のちょっとした立ち話をしてもよいか聞くようにすべきであろう。この一連の会議の目的のひとつは，初期の課題リストに新たに加えたり，変更することと「資源」（resources）を発見することである。

■他の経験からの学び

　さらにこの段階で通常行われることとして，次のことがあげられる。あなたが行おうとしていることと同じようなことを他者が試みてきたかどうかや，またあなたの地域で計画されている他の大きなコミュニティワーク活動があるかどうかをはっきりさせることである。もし図3.2にあげられたすべての機関とグループに接触している場合には，これに容易に対応できるであろう。インターネット検索もまた役立つであろう。さらに，ボランタリー・サービス協会は，その地域に関するプロファイルのコピーを持っている場合が多く，市民相談所（Citizens Advice Bureau）ワーカー，保健師やコミュニティ看護師は，時に訓練の一環として地域プロファイルを作成していることがある。仕事を開始する前に，同様の試みを既に行っている人と接触することは，彼らの経験から学ぶことを可能とし，幸運にも彼らがおかしたミスを避けることができるであろう。

■資源の確認

　いかなるコミュニティ・プロファイリング活動も，その成功は資源の多さにかかわっている。資源に関しては，以下の三つの課題をよく理解することが非常に重要である。そのグループが既に有している資源やアクセス可能な資源は何か？　現時点で，そのグループはどのような資源を必要としており，また何が不足しているのか？　その内，何がそのプロジェクトの成功に必要なのか，そしてどのようにしてそれが得られるのか？　このために役立つように表3.5の空欄を埋める作業をしていただきたい。

　考慮すべきさらなる外的資源は，以下のような組織のスタッフである。

- 地域の大学；調査計画やデータ解析を手伝ってくれる。
- コミュニティ資源センター；複写や写真を手伝ってくれる。
- 地域計画部局；無料で地図を提供してくれる。
- 地域の図書館；コミュニティ関係の文献を探し出すのを手伝ってくれる。

表3.5 資　源　欄

資　源	グループ内で調達できるもの	プロジェクトの成功に必要なもの	得られる可能性
人材			
資金			
計画技術			
コンピュータ技術			
調査技術			
面接技術			
グループワーク技術			
コンピュータ			
インターネット			
複写			
地図			
地域の接触			

■コンサルタントや専門的調査者への委託

　利用できる資金やグループ内の専門家の有無によるが，計画遂行のためにコンサルタントや専門的調査者と契約する必要がでてこよう。本書は，基本的に他者に頼らず自力で計画遂行することを目指しているので，その詳細を論じることはしない。しかし，社会調査協会（Social Research Association）は，社会調査に関してよき実践ガイドラインを作成しているし，またボランタリー・サービス協会は，手助けしてくれる組織を探し出す際に役立つであろう。しかし，コンサルタントや専門的調査者と契約することは，それ自身，大変な作業となるであろう。そのプロジェクトについて，コンサルタントに依頼すべき事項，使用すべき方法についての考え方，契約事項やひとつ以上の組織にアプローチする場合の費用などに関して詳細なプロジェクト計画書を作成しなければならなくなるであろう。調査者を採用した場合，業務の詳細，タイムスケジュール，支払いや報告者の内容や提出時期を明記した契約書を作成しなければな

らないであろう。さらに，質問紙の作成や新聞発表への用語選びなど多くの作業をこなすため，コンサルタントをうまく活用する手段を駆使しなければならないであろう。とどのつまり，コンサルタントや専門調査者が期待したほどの成果をあげないことを見て，多くのお金を費やしたことを大いに後悔するかもしれない。別のやり方は，専門調査者やコンサルタントに質問紙の作成やデータ解析の助言をしてもらって，それに対価を支払うことである。

■マネジメント組織の構築

「基礎の準備」段階のあるポイントで，プロジェクトをどのようにマネジメントするか決定する必要があろう。初期主導グループが，引き続いてプロジェクト・マネジメント・グループとなることが適当かもしれない。その主導グループが，コミュニティの代表者たちの接点に位置する場合や，さらにいえばそのコミュニティに威信がある場合には，それは良い選択であろう。初期において主導グループが「ふさわしい」（right）人物をもつなら，当事者意識とプロファイルが用いられる可能性を増すことができよう。しかし，そうでない場合，プロジェクトを進めるために新たにマネジメント・グループを作る必要がでてこよう。コミュニティに信頼されるようになると，次にすべての関係者やコミュニティのメンバーが参加して指名を行う会議を開かねばならないだろう。適切な広報のもと正式にコミュニティ・プロファイリングを行うためにその会議を利用したいと考えるかもしれない。その会議は，以下に述べる方法の一部もしくは全部を幅広く用いることによって広報すべきである。図書館，保健所，社会サービス事務所，住宅事務所，コミュニティ・センター，レジャー・センターにポスターやリーフレットを置くこと。コミュニティ・グループ，ボランタリー組織，コミュニティの代表者やリーダーに手紙を送ること。地域の新聞社にリリースすること。地域のラジオやテレビに取り上げてもらうこと。

このように人々を結び合わせて，主導グループは，出席者に対してプロジェクトの内容，日程と意義について説明しなければならない。この会議の主要目的は，協力と支援を取り付けて，マネジメント・グループを選ぶことである。どのような手段をとるにしろ，乗り気でない人たちがいる事実を心に留め，依頼候補者リストがあらかじめそろっていない場合には，他の人の推薦を依頼し

たり，可能ならば協力者を確保しておく必要が出てこよう。

　メンバーを招集したとき，マネジメント・グループの役割をはじめ，会議の時期と回数，期待されることなどを明確に説明しなければならない。さらに，メンバーにとって障害となる事柄と，それに対処する方法を考えておかねばならない。以下のことも考慮する必要がある。会議場所へのアクセス，会議開催日時，保育設備，会議の構成，組織化と運営の方法が不適切なものでないか否かである。もっとも，そのグループが参加に際して障害に対処する能力がある場合には，うまく切り抜けることができるということも大切である。言い換えれば，例えばメンバーが会議に参加しやすいように保育支援を積極的に行おうとすれば，それをバックアップするための資源を用意しておかねばならないということである。

　またマネジメント・グループの形成に際しては，グループの規模を考える必要がある。適切なグループの規模は，何をそのグループに期待するかによる。そのグループ委員会は，期待される役割の観点からは，それを果たせるに十分な人数がいなければならず，また効果的な意思決定の観点からはできるだけ小規模が望ましい。一般的に，参加希望者には参加させる方が得策である。というのは，もしやる気のあるコミュニティの一部の人を排除すると反感の温床となりやすく，何より一部の人たちをそのプロジェクトの計画過程から排除することになろう。

　マネジメント・グループが任命され，開催日時と場所が決定されれば，次に委員会運営に関する簡潔な手順案を決定する会議を開催する必要がある。その案は，以下のような内容を含む：

- マネジメント委員会の構成員とそれは固定制か公募制か
- 委員会の目標
- 委員会組織と運営規則

　マネジメント委員会は，今や主導グループからそのプロジェクトの運営を引き継ぐ位置にきた。そして，同委員会は，プロジェクトの目的，目標がどうあるべきという決定的に重要な問題に取り組むこととなる。

第2節　目標（aims）と目的（objectives）の設定

　コミュニティ・プロファイリング計画の目標と目的は，そのプロファイルが行われる全般的目的（purpose）に大きく依存しているであろう。ほとんどの場合，プロファイルそれ自身が最終目標（an end）ではなく，結論に至る手段（means）である。グループが決定する目標と目的は，明確に定められ，特定されねばならないし，またそれらはマネジメント・グループ全体によって合意されねばならない。他の目的がそのプロジェクト本来の目的に加わり，手に負えないものにならないようにプロファイルを行う理由を心に刻み続けることが大切である。もっとも，その目的リストがあまりに大きいとマネジメントができなくなるだろう。もし目的リストが大きい場合，優先順位をつける必要があろう。心に目的を刻むことは，何が優先されるべきかを考えるうえで役に立つであろう。

第3節　全般的なプロジェクト計画

　第5章では，情報収集に使用される方法を決める際に考慮すべき点を説明している。しかし，それらの方法を考慮すると同時に，そのプロファイルの時間的制約も心に留める必要があろう。例えば，資金申込み期限や地方自治体委員会の開催日などの外的な時間的制約によって使える時間が大きく限られよう。その時間表は，行っていること，利用できる資源，コミュニティの住民との関係づくりに要すると思われる時間が反映されるべきである。休日が，プロファイルの進行を妨害することも心得ておかねばならない。一般に，その仕事を適切に成し遂げるために十分な時間を確保する必要がある。しかし，人々が興味をなくすくらい長時間，その過程にかかわりすぎない。ほとんどの場合，そのプロジェクトの条件によるであろうが，プロファイルの始まりから終わりまで，4～6ヶ月必要であろう。時間表作成の際，達成されるべき個々の課題のリストを作るところからスタートするのが得策である。そして，取り掛かる課題の順序と同時対応可能な課題を見極めることである。プロジェクトを段階に分け，それぞれの段階の達成期限を決めねばならない。

図3.6 「土台を作る」ために達成されるべきことのチェックリスト

- 明確な付託，役割と責任をもった「マネジメント委員会」
- コミュニティ・プロファイルの「目的」に関する合意
- プロファイルされる「コミュニティ」に関する合意
- プロファイルによって取り組まれるべき仮の「課題」リスト
- 「目標と目的」の明確な設定
- 取り組まれる課題にとって適切な「資源」
- プロファイルされるコミュニティ内の「接触」

　これが，プロファイルの計画段階の最終目的である。ここで，図3.6に掲げられたすべての項目を「心に刻む」（tick）べきである。

第4節　主要項目のまとめ

　コミュニティ・プロファイルの計画に時間を費やすことは，その仕事の中で他に使える時間を浪費するように見えるかもしれない。行動を犠牲にして計画することに熱中しすぎないことは重要であるが，計画当初において，達成すべきことについて注意深くまた創造的に考え，コミュニティにおいて接触と協力を構築することは，時間の有効活用であり，後の時間の節約にもなる。多くの調査計画は，計画段階において十分な時間をかけないために，実施に無理がでたり，目的が達成できなかったりする。

　本章では，小規模の主導グループの創設を通じて，コミュニティ・プロファイルを行うために少人数が思いついたアイデアからマネジメント委員会の立ち上げに至る動きに焦点を当ててきた。そして，仮の課題の発見，目標と目的の設定，資源の活用と時間表の計画の過程を見てきた。第4章では，コミュニティと他の利害関係者の巻き込み方について考察がなされよう。それは，計画過程のさらに先のことを考察する試みとなるであろう。すなわち，用いるべき方法の決定である。

参考文献

Social Research Association (2002) *Commissioning Social Research. A Good Practice Guide*. London: Social Research Association, www.the-sra.org.uk/documents/pdfs/commissioning.pdf, accessed 6 December 2006.

第4章 コミュニティと利害関係者の参加

　コミュニティを基盤とする調査研究に，必ずしも調査対象のコミュニティが積極的に参加しているというわけではない。しかしながら，コミュニティ・プロファイリング過程にコミュニティのメンバーの参加が得られれば，より詳細で正確な描写が可能となろう。さらに，コミュニティのメンバーが意見を聴かれ，自身についてどう書かれているのかを知る権利を有することを，議論しておくべきであろう。本章は，なぜコミュニティと利害関係者が参加しなければならないのか，そこにどのような利点があるかを見ていくことから始める。

　コミュニティ・プロファイリングにおいて，「コミュニティ」とは人が帰属する基本集団という意味で用いられるが，私たちはコミュニティにいったいどんな意味を込めているのだろう。この章では，しばしば紋切り型にとらえられ，使い古されてもいるこのコミュニティという概念について，それを構成している人たちも含めて考えて行こう。そこで，コミュニティとは何かだけでなく，コミュニティ・プロファイルにおいて「利害関係者」(stakeholders) とは誰のことをいうのか，そしてその利害関係者の関与によって浮上するコミュニティ・プロファイリングにおける統制（control）と主体性（ownership）にかかわる重要な問題を検討する。

　本書の中心課題は，コミュニティの力量とエンパワメントを形成し高めていく過程において，コミュニティ・プロファイルが役立ちうるということである（第2章参照）。本章では，地域メンバーと専門家や外部支援者のコミュニティ参加の様々な「レベル」について考察する。そして，プロファイリング過程における参加者の関わりの「程度」(extent) について取り上げる。

　前章の図3.1 にあるように，その過程は，プロファイルを行うための初期構想の段階から，結果の活用にいたるまでの一連の段階から構成されている。コミュニティと利害関係者は，基本的にこれらの段階のすべてに，直接的，間接的に参加することとなる。個々の人が，常に参加できるわけでも，それを望ん

でいるとも限らず，個人に全面的な参加を求めることも難しい。そのため，最大限の参加に向けた現実的な提案を示す。

第1節　なぜコミュニティの参加を求めるのか？

　ここ10年間，地域の研究や実践におけるのと同様，地域サービス計画と供給の管理における参加への関心と発展は，着実に増大してきた。1990年代の後半より始まった一連のプログラムやプロジェクトは，公共部門からコミュニティへの意思決定の委譲が意図されていた。第2章で述べたように，政府はサービス計画や提供に関わる協働者やコミュニティへの参加を擁護する政策文書を発行している。このような発展の経緯を経て，意思決定において当該コミュニティだけではなく，より広い領域の利害関係者が参加することの価値が認識されて行った。

　今日では，コミュニティが意志決定過程に参加をする理由は以下のことが広く知られている。すなわち，コミュニティは，関連問題と文脈の知識，また組織化と意思決定の能力，資源を発展させる必要がある。コミュニティ・プロファイリングは，このような方法でコミュニティにかかわるコミュニティワーカーにとって，重要なツールのひとつである。コミュニティ・プロファイリング過程は，それ自体が新しいスキルや知識を開発し，共同学習を推進し，また引いては地域資源の増加，換言すれば地域力の構築に資することにもなる。伝統的な研究手法は，（しばしば当たり障りのない）「客観的」な見解を提供してくれるだろうが，本章で後ほど述べるように，コミュニティ・デベロップメントの価値には，地域をエンパワメントする義務が含まれる。そしてそれは，単なる住民参加によるだけでなく，住民がその過程の主体性を獲得することによってさらに強められるであろう。より緊密に過程にかかわる人たちは，最も大きな益を得られる人たちであり，それゆえにできるだけ多くの人がコミュニティ・プロファイルに参加することが重要なのである。

　より広い利害関係者の参加を求めるのは，他にも理由がある。プロファイリングへの包括的で参加型のアプローチ（participatory approach）によって，より質が高く確かな知見を集めることができる。このアプローチにより，調査

研究はしっかりと「現実世界」（the real world）に根ざしたものになり，地域特有の関心や問題に焦点化し，地域ニーズや要望に沿ったものとなっていくだろう。さらに，調査者との信頼関係を形成し，不信を振り払うとともに，長々と意味なく続く「意見聴取」（consulted）になってしまうことを防ぐのに役立つであろう。

第2節　コミュニティの考え方

　プロファイリング過程への関与と参加（involvement と participation）と同様，プロファイルの全過程を理解する上で，「コミュニティ」という概念を思考の単位とすることは不可欠である。ただ，コミュニティという言葉は，日常生活で広範囲に使われ，正確に定義するのが難しい言葉になってしまっている。というのも，ヨーロッパ共同体，宗教団体（faith community），地域警察，コミュニティ・サービスなど多様な組織の意味として，またコミュニティの責務，ケアリング・コミュニティ，コミュニティ精神など情緒的な意味付けもあれば，共同体主義，コミュニティ・アクションなどのイデオロギー的意味など複合的な意味をもつ用語として広く使われている。実際，Stacey（1969）は，コミュニティという概念は，家族外のほとんどすべての社会的集団にかかわる包括的な語句として用いられて，あまりに曖昧で「神話的」なため実際には役に立たないと主張している。同様に，Hillery（1955：177 以降参照）は，コミュニティには 94 にのぼる定義があり，唯一共通するのは人（people）であるという。Hillery のリストによると，コミュニティは大きく以下のふたつに分類できる。人の居住区域やその場に関する物理的，地理的な特徴や分類，そしてコミュニティが有する社会関係の質や特性の分析や叙述の二種類である。Stacey がコミュニティという概念は神話（myth）であると主張してから，次第に場（location）としてのコミュニティに関する研究が多くなった。

　産業化にともなって都市人口が増加して以後，都市の人々は，疎外されがちな都市生活と対比して，相互に顔見知りで，労働，信仰，社交，そして言い争いといった相互関係でつながった牧歌的で，多分に想像上の産物である村落共同体について思いを馳せるようになった。現代社会において意味ある概念とし

て「コミュニティ」を復活させる試みとして，Etzioni は，コミュニティを「集団において影響しあう関係の網」（web of affect-laden relationships）と，「歴史やアイデンティティ，そして価値や規範，意味を分かち合うこと，つまり特定の文化の共有」というふたつの性質に言及して定義した（1996:127）。この考え方は規範的であり，コミュニティ内の「道徳的な声」（moral voice）を強調しすぎているとの批判を受けてきた。にもかかわらず，Etzioni が言及しているように，共同体主義（communitarianism）は，公的な責任と市民の義務を強調しており，「新しい労働党」（New Labour）などには魅力的に響くものであった。

■コミュニティとは何か？

　問題をはらみつつも「コミュニティ」という用語は，政治家だけでなく専門職，実践者，そして地域に住む住民にも日常的に使われている。本書では，コミュニティを，共通の絆（common bond）でつながる人々の集まりという緩やかな意味で使うこととする。基本となる絆とは，人々が住んでいる場所（the place）である。地理的な意味での，またはある場所としてのコミュニティは，一本の通り，ひとつの団地，近隣，行政区または学校区のようなより小さなものから，教区，村，町，郡，目的によってはカウンティ，国，国家連合までの規模がある。行政当局が，サービス提供や情報収集のために用いる多くの境界は同じではない。地域住民が，コミュニティの同一性に応じて境界を定めることもあるだろう。それゆえコミュニティ・プロファイルに取りかかる際，最初にすべての利害関係者とともに関係する地域の境界について合意しておくことが重要である。

　場所だけではなく，人々に共同体意識をもたらすコミュニティの諸特性がある。まず年齢，性別，民族，国籍などはこれにあたる。他にも，医療や障がいなどの問題を共有していること（視覚障がい者のコミュニティ），労働環境を共有していること（炭鉱労働者のコミュニティ），特定の宗教をもっていること（カトリック教徒のコミュニティ），あるいはボランタリーや政治的組織や団体（グリーンピースの人々のコミュニティ）のメンバーといったこともコミュニティの意味を創り出す。もちろんこれらの定義は，相互にまったく関わり

がないわけではなく，複数の特性を用いたプロファイルも可能である。いずれにしろ参加者のすべてが，プロファイルされるコミュニティの定義と特性を明確にしておくことが重要である。

コミュニティの定義は，ほとんどの場合，肯定的なものとされ，温かさと閉鎖性の感情をひき起こす。このようなコミュニティが存在することは疑いないとしても，多くのケースで，「コミュニティ精神」（community spirit）を醸成する必要に迫られている。理想化された見解は，コミュニティは常に暖かくて同一的であるとはいえないという現実を隠しかねない。多くのコミュニティが，潜在的な緊張や争いを抱えている。コミュニティは，例えば人種，ジェンダーや階級といった差異によって切り裂かれているかもしれない。また，互いの利害がぶつかり合う諸集団を含んでいるかもしれない。ひどく引き裂かれたコミュニティでは，その抗争が暴力沙汰や反社会的行動となって表出されるかもしれない。従って，コミュニティ内の顕在的，あるいは潜在的な抗争を明確に把握しておくことが重要である。すべての関係集団の意見を聞き，コミュニティのすべてのセクションの代表者が，プロファイル過程において役割を平等に分担する機会をもたねばならない。第7章において，周辺化された集団や「接触困難」（hard to reach）な集団の参加に関する実際的な問題を考察する。そのような集団の参加に失敗することは，コミュニティの不完全な描写をもたらすだけでなく，抑圧されたセクションや不満をいだく集団の反抗をかうことになろう。

第3節　その他の利害関係者

ほとんどのコミュニティでは，住民に加えて利害関係者がいる。コミュニティ・プロファイルを行う上で，利害をもったり，発言を望む幅広い人々への考慮が重要である。そのため空間的定義に基づくコミュニティ・プロファイルでは，政治家（地方議会，下院，欧州議会）や，地域ニューディール委員会，学校管理委員会，プライマリー・ケア・トラスト，登録地主協会などの組織や委員会のメンバーといったそのコミュニティを代表する人々の意見をふまえておくべきであろう。

その他の利害関係者として，コミュニティで仕事をしてはいるが，必ずしもそこに居住してはいない人たちがいる。偶然その地域に職場がある人々，コミュニティのために働く人（医師，教師，警官，街頭監視員，聖職者など），そしてコミュニティのために働くだけでなくコミュニティに直接責任をもつ人々（コミュニティ・ワーカー，コミュニティ再生官，地区担当ソーシャルワーカー）などである。ビジネス関係者もまたコミュニティの重要な一員である。ビジネス分野からの代表者は，住民に影響を及ぼすコミュニティ内にあるかもしくは近接する大規模な工業団地から，また中小企業，例えば地域の商店，郵便局，持ち帰り専門店やパブなどといった企業から選ばれよう。

法定制度に基づく職種やビジネス関係者に加えて，コミュニティやコミュニティ内の特定集団のためにサービス提供，自助，ロビー（陳情）活動，キャンペーン活動を行っているボランタリー，地域的，宗教的組織の関係者の参加も求めるべきであろう。

■住民でない関係者の参加

非居住者である利害関係者の参加は，コミュニティ・プロファイルがコミュニティ・デベロップメント過程の一部である以上，いくつかのリスクを伴う。ここで大きな問題となるのは，全体のコントロールをするのは誰かということである。このことは，コミュニティが他からどうとらえられ，またはコミュニティ自身が自らをどうとらえているのかということと関連する。例えば，1970年代におけるコミュニティの発展についての研究で知られる Haggstrom は，コミュニティにはふたつの姿，すなわち「対象（object）としてのコミュニティ」と「行動（acting）するコミュニティ」としての様相があると述べている（1970）。前者は，相互依存システム，官僚組織，利益団体，政党などのネットワークである。一方で，行動の側面は，コミュニティ自身の抱えるニーズや問題を見出し，意思決定に参加し，集団行動を増大させることである。

専門能力を持つ多くの関係者は，自らの活動がコミュニティの最善の利益になるものと信じてコミュニティに関わっている。しかし，彼らはつい上から目線の態度をとってしまうと，それは彼らの多くが落胆する依存心や無気力を生む契機になりかねない。このような態度に対抗すべく，1970年代に，異なる

信念や価値を取り入れたコミュニティ・デベロップメントのアプローチが発展した。このアプローチでは，コミュニティ・デベロップメントは，他の目的のための手段ではなく，それ自体が目的である。すなわち，住民をエンパワすることである。コミュニティ・デベロップメント・アプローチは，「行動するコミュニティ」こそが，協力や利益と価値の共有を通じて，自由，発展，そして満足をもたらすという考え方を取り入れた。コミュニティ・プロファイルは，ニーズ，課題や問題への焦点化によってだけではなく，コミュニティのストレングスや資源の認識，賞賛，構築によっても，この過程に貢献することができる。

　近年では，雇用者，労働組合，教育訓練の提供者と実践者からなる集団によって 2002 年に開催された「コミュニティ・ワーク・フォーラム」において，コミュニティ・デベロップメント・ワークに関する全国職業基準の改訂が提示された。これらは図 4.1 に概要が示され，コミュニティ・ワークの基盤となる価値と原理が例示されている。

　コミュニティ・プロファイルが，コミュニティ・デベロップメント過程に貢献しようとするのなら，住民でない利害関係者を参加させる一貫性のある一連の価値と原理を有する方法が必要である。特にその戦略は，目的，主体性，方向性とコミュニティの過程への受け止め方という課題に対処するものでなければならない。非住民関係者に対抗して，コミュニティ・メンバーの主体性の程度と制御を概念化するひとつの方法は，コミュニティ・プロファイリング企画をトップダウンによる実践と見なすことである。その場合，プロファイルは，基本的に外部者がコミュニティ・リーダーと相談しながら行われる。これに対して，ボトムアップな実践の場合は，コミュニティ自身がプロファイリング過程に責任をもつ。実際には，このふたつの大きく異なる方法の間で，ともにコミュニティ・プロファイルが成功するための重要な要素である専門職のスキル，知識と，コミュニティ・メンバーの地域の知識と熱意が結びつけられる。この両方の方法が，コミュニティ・プロファイルを成功に導く重要な構成要素なのである。

　もしプロファイルが，特に資源分配の責任者によって慎重に行われる場合，資源の許す限り系統的かつ専門的に行われなければならない。もっとも参加者

図4.1 コミュニティ・デベロップメント・ワークに関係する価値

コミュニティ・デベロップメント・ワークの主たる目的は，社会変革と社会正義を集合的にもたらすことであり，それはコミュニティへの以下の働きかけからなる：

- ニーズ，機会，権利と責任の明示
- 計画，組織化と実践
- 実践の成果と影響の評価
- そしてこれらが抑圧への挑戦，不平等への対応という形で行われること

　コミュニティ・ワークの価値

　社会正義

市民権と人権を尊重し，抑圧に挑戦するより公正な社会を目指す活動

　自己決定

個人と集団は，集合的実践の開始期において問題と懸念を明確にし，共有する権利を有する

　活動と学習をともにすること

集合的に変革をもたらすために，コミュニティ内のスキル，知識，経験に価値をおきそれらを活用すること

　持続可能なコミュニティ

一方でより広い社会との関係を構築し維持しつつ，自立と自律を発展させるようにコミュニティをエンパワすること

　参加

すべての人は，自らの生活に影響を与える決定過程に十分に参加できる権利を有する

　反省的実践

効果的なコミュニティ・デベロップメントは，行為の反省を通して知識を増やし，発展する

出典：From the definition of community development work by the Federation for Community Development Learning, www.fcdl.org.uk/publications/documents/sharing_practice_sheets/1_What_is_CD.pdf

の創造性や自発性を損ねる過剰な配慮は不必要である。再三指摘しているように，コミュニティの参加は，プロファイル過程にとって重要であり，外部者には難しい意味合いや洞察に満ちた最終結果を生み出すであろう。従って，外部機関から提供されるより客観的で専門的な支援と，住民の熱意ある内部的理解のこのふたつのバランスが理想的である。このバランスをとるための対処方法のひとつは，すべての利害関係者による実践でのパートナーシップ（partnership）を通じてなされる。実践におけるパートナーシップは，地域，地区，地方におけるサービスの計画と提供の方法として共通の実践となってきている。それは，しばしばコミュニティのメンバーを巻き込んだものである。そこでは，コミュニティの代表者と非住民の利害関係者によるパートナーシップにおけるバランスを決める必要があろう。

第4節　利害関係者の参加の方法

他の利害関係者について，プロファイリング過程における統制と主体性のレベルを議論してきたが，ここでは参加させる別の方法を探ろう。実際には明確な境界は引きにくいが，参加のレベルは三段階ある（図4.2参照）。

最初のレベルは，プロファイルの情報を提供し，参加依頼状を送り，積極的

図4.2　利害関係者の「参加」のレベル

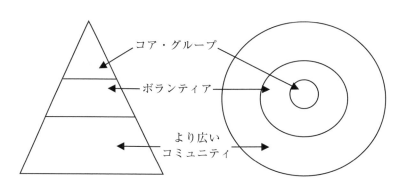

な関わりを促して，すべての人の参加を意図するより広いコミュニティである。二番目は，プロファイルに実践的な貢献をしたいボランティアのレベルである。さらに，プロファイリング過程の計画や調整を行う中核的な人々からなるグループを発展させたい場合もあろう。

■広範なコミュニティの参加

　より広範なコミュニティとコミュニティのすべての利害関係者の参加を進めるには，ふたつの方法がある。ひとつは，各過程の情報をすべての人に提供し続けることであり，次いで，できるだけ多くのコミュニティ・メンバーから情報を集めることである。様々な意味でコミュニティに対するプロファイルの進展状況の情報提供は重要である。最初の段階では，プロファイルを行う人たちの動機に大きな疑問を抱くかもしれない。彼らは何者なのか？どこから来たのか？なぜ私たちに関心を持つのか？　そのため，プロファイルの目的や作業工程，タイムスケジュールを明確に説明し，理解と信頼を得ることが重要である。次の段階では，結果を事前にコミュニティに伝え，重大な誤りや誤解が生じていないかを確認してもらうことになる。最終的には，報告書がまとまった段階で，わかりやすく誰もが見られる方法でコミュニティに結果を報告し，行動計画への参加へとつなげる（第9章参照）。

　コミュニティ・プロファイル実践者の多くは，プレス発表の準備や，事前，実践の途中，できれば事後のリーフレットを準備する。このような基本的な広報は，屋外の目につきやすい場所に貼られたポスター，そして，適切な情報に基づいていることが前提であるが，多くの人の口コミによって補完されていく。何が始まるかを知らせる発信の場として，パブ，郵便局，村役場，学校前の掲示板などは格好の場所である。また，結果について，ウェブサイトを作成する，Eメールでメッセージを回し，またニュースレターを作成し，それを掲示して知らせることもできる。

　より広いコミュニティの参加を得る他の方法は，コミュニティのメンバーから情報を直接，集め，意見を聴くことである。基礎データを集める方法については第7章で説明されているが，ウェブサイトを用いる方法もある。もっとも，できるだけ多くの住民の参加を求める上記の方法をとる際には，調査する場合

第4章　コミュニティと利害関係者の参加　　*55*

図 4.3　既存グループへの働きかけと新規グループの形成

- 人々を公式な集会へ参加させることは難しい場合が多い。そこで，まず親子グループ，高齢者の食事会，青年グループなど既存のグループを通して働きかける。
- 既に行われているコミュニケーション，ネットワークの方法を利用する。
- 既存グループの活用に伴う落とし穴には注意が必要である。派閥に留意し，すべての人とつながることである。
- もしコミュニティ組織がほとんどないのであれば，コミュニティ・デベロップメントのための計画する時間と資源を明記すること。

と同様，ちょっとした気遣いが必要である。質問への回答数を増やすために，すべて回答をしてくれた人に賞品を出すこと，リーフレットに質問の最初の回答に誘導するよう切り離し票を付けておくこと，特定のテーマや問題について議論するグループを組織することなどがある。図 4.3 には，コミュニティのグループに接触するためのヒントがあげられている。

■ボランティアの参加

　利害関係者の参加の次のレベルは，プロファイル活動への実践的支援の提供である。一般に，コミュニティ内には，何か特別のことをしたい，持っているスキルを有意義に使いたい，コミュニティのために貢献したいという思いを抱く一定の人々がいる。多くの人が，プロファイルへの参加を近隣の人と知り合ったり，コミュニティについてもっと知る機会になるととらえている。人々を参加させる効果的な方法は，実践的な責務を与えることである。求められる知識やスキルは，コンピュータ操作からお茶入れまで，さらに地図の作成，インタビュー，ワープロでの文書作成，挿絵作成，報告書やポスターのレイアウトのデザイン，会議の進行，報道関係者への資料配付や説明などである。図 4.4 は，ウェールズでのコミュニティ調査の支援にボランティアがどのようにかかわったのかが紹介されている。

　適切な支援があれば，コミュニティ・プロファイリングは，それらのスキルを学ぶよき機会を提供するので，これらのスキルの多くは，迅速に学習され参

図 4.4　コミュニティ調査におけるボランティアの参加：一例

Upper Dulais Valley の総合再開発に関するニーズと問題の調査の一環として，Cwmdulais Uchaf Communities First Partnership が，コミュニティ調査質問紙を作成し実行した。実施は Partnership と主導グループが取り仕切ることとなり，参加者はそれぞれ割り当てられた家を回って調査票を配布した。まずドアをノックし，質問紙を説明し，留守の時はポストに投函した。回答と回収の期間は二週間と決められていた。言うまでもなく，回収率は，街ごと，ボランティアごとに異なり，10％から90％の差が見られたが，全体の回収率は，52％であった。

出典：Cwmdulais Uchaf Communities First Partnership（2004）The Community Profile: 7

加がより進展するであろう。コミュニティ・プロファイルを行っている住民グループの中には，自ら地域のコンサルタント企画を始めたところもある（Taylor et al. 2002）。既にそのような知識やスキルをもっている人たち（それは多分，退職者であろう）もいるであろう。従って，支援要請に備えて，一群の広範なスキルを有するボランティアを予め募っておくことも有益である。

　コミュニティ参加戦略を進めていくには，さらに考慮すべき課題が三つある。まず，第一に秘密保持である。コミュニティのメンバーは，例えば面接を通して，個人情報が知人に伝わることを嫌がるであろう。従って，面接自体や個人情報に関わる面接内容の分析をコミュニティ・メンバーが担うかどうかは，慎重に検討しなければならない（守秘義務については，付録2に追記している）。

　二番目の課題は，ボランティアのプロファイルに関わる仕事に謝礼を支払うかということである。仮に資金があり，主要な人に支払うのは，スムーズな作業の遂行上問題なく見えるが，そうすると，無償での参加を拒否する人が出てくる懸念がある。支払いは，日当制の場合もあれば，面接など作業単位になる場合もあろう。プロファイルによっては，ボランティアに支払いをすることも，また面接対象者に支払いをする場合もある。

　三番目の課題は，仕事を担うコミュニティの人々へのトレーニングやスーパービジョンと，専門職としての業務のバランスに関することである。トレーニ

ングやスーパービジョンによってコミュニティ内でスキルは高まり，参加の度合いを高めていくことになるが，それは同時に専門職にとって，多くの時間を費やし，また相当のエネルギーを求められることになろう。

　ボランティアの確保やインタビュアー・トレーニングのチェックリストの最良の方法といった調査過程における地元ボランティアに関するさらなる課題は，付録2で詳細に述べられている。

■コア・グループの参加

　コミュニティ全体で，プロファイルを運営管理することはできない。数百人が集うミーティングで，意思決定を行うのは難しいだろう。また，すべての人が，ミーティング参加を喜んで受け入れるわけでもないし，過程の運営に何か意見を持っているわけでもない。従って意思決定から計画の立案，進行管理，そして時々に起こりうる事態に対処するには，特定の人たち，できれば小グループが必要である。プロファイルの対象が単一の問題であったり，狭い区域を対象としているのであれば，一人でも対応できようが，一般的には利害関係者から構成される主導グループが担当することとなろう。幾つかのコミュニティ・プロファイルでは，大半の決定を行うより小規模な主導グループと，定期的に開催されないものの広範な専門性と知識を持つ顧問的組織のふたつのグループが想定できる。

　では，この人たちはどのようにして集められるのだろう。多くの場合，彼らは，プロファイルを組織する側であったり，主導グループに誘われて参加した人たちであり，主体的に参加している。ただし，グループ編成に際しては，コミュニティのあらゆるセクションの代表から成り，できる限り各セクションに属する人々の代弁者であることに留意しなければならない。例えば，黒人や少数民族組織，地域青年委員会のような既存グループのメンバーは，参加を希望するだろうし，主導グループのメンバーは，団地の多くのセクターから選ばれることもある。主導グループは，特に運営管理（マネジメント）も担うことになった場合には，プロファイルを支える原動力であるだけでなく，他の人々に動機や熱意を与えるべきである。コミュニティのグループへの参加は，この過程の進展に大きな効果をもたらす。

コミュニティ・プロファイルの業務推進のためにフルタイムやパートタイム
のワーカーを雇うこともある。ワーカーたちは，地域と密接につながっており，
コミュニティについての詳細な知識を持っているであろう。彼／彼女は，本書
が触れている多様なプロファイルの課題，特に記録管理，多様な活動のコーディ
ネート，進行管理，事業運営マネジメント，そしてボランティアや他の支援
者へのスーパーバイズなどの重要業務を担うことができる。プロファイルが，
地方自治体部局のような法定組織，地域再生機関などの公的組織，またはボラ
ンタリー組織によって行われる場合，上記の役割は，これらの組織によって担
われたり，他の組織によって後援されたりする。しかしながら，例えその職が
充当されたとしても，重要なことは，プロジェクト・ワーカーは，コミュニ
ティや利害関係者の参加を妨げるのではなく，むしろコーディネーターとして，
その参加を促進することであると周囲に認められることである。特に，プロジ
ェクト・ワーカーは，説明責任を明確にもつことが肝要である。

第5節　利害関係者の参加時期

　ここまでは利害関係者の参加の「レベル」(levels) について考察してきた
が，以下，コミュニティ・プロファイリング過程のすべての「段階」(stages)
における参加の実現方法について詳しく考えていきたい。前章の図3.1 に示さ
れた段階をふまえつつ順に論を進めるので，参照いただきたい。

■基盤の準備

　コミュニティ・プロファイルの過程を構想から実践へと進めるにあたっては，
基盤づくりが必要である。他の作業の準備と同様に，この段階は，以後の過程
全体が依拠する土台をつくることとなるため，遺漏なく整えられることが重要
である。そのためには，利害関係者とコミュニティを土台作りに参加させ，彼
らから支援と重要な情報を得る必要がある。

　利害関係者の主導グループは，第3章で示した線に沿って，できるだけすみ
やかに組織する必要がある。グループ形成は，コミュニティのメンバーから構
成され，なおかつ可能な限りコミュニティの「あらゆる」セクションが，何ら

かの形で関わるように進められる。メンバーをまとめる上では，以下の点に留意しておく。コミュニティは，主導グループを支えるだろうか？　コミュニティは，グループをどうとらえるだろうか？　メンバーは，十分な敬意を払われているか？

　プロファイルの初期計画の段階においては，コミュニティの参加を得て，対象となるコミュニティの境界と定義を確定しておく必要がある。そうして早い段階でコミュニティの活動家やリーダー，近隣の代表者や地域に基盤を置く専門職など，できるだけ多くの地域グループや主要な利害関係者と接触を図っておくべきである。彼らは，プロファイルの実施について支持しているのか？提供してくれるものは何か？　未だ考慮されていない今後の過程に役立ちそうな案があるだろうか？　プロファイルに役立つコミュニティ資源を明らかにするために，コミュニティのメンバーや利害関係者の中に，マーケティング，写真，パソコン，デザインやレイアウト等のスキルを持つ人たちが入っていることが肝要である。各グループ，組織に，あるいは個人に，利用できるパソコンがあるか？　大小の会議を開ける場所はあるか？　初期の目的や対象が，コミュニティに対して明確にされていることが必要であるが，果たしてプロファイルの目的は何なのか？　それは誰に帰属するのか？　誰が進行管理するのか？

　主導グループが形成され，主要な利害関係者たちとの接触を終えたら，次はより広範なコミュニティに働きかける。よく行われるのは，利便性が良くふさわしい会場を設定した公開ミーティングを何度か開くことである。公開ミーティングやプロファイル自体の広報の仕方には様々な方法がある。一般的には，ウェブサイト（事業特化したサイトや他の組織のサイト），リーフレット，ポスター，プレスリリースなどがあげられる（図4.5参照）。どの媒体を選択したとしても，以下の事柄に取り組む必要がある。提供する情報は，起きていること，なぜ，どのように，誰がそれを行っているのかを正しく伝えているか？手短で，要点を突き読みやすいか？　英語以外の言語に訳す必要があるか？リーフレットは，戸別配布が可能か？　他の配布手段はあるのか？

60

図 4.5 広　　報

　プロファイルの意識を高め，参加と信頼を促進し，ボランティアを募り，課題を明らかにし，理念を広める等のために：

- プロジェクトを広報し，進捗状況の周知のために，地方紙，テレビやラジオを利用すること
- プロファイリング過程の向上に関するフィードバックやコメントを送りやすいように，ウェブサイトを見直し更新すること
- 学校，パブ，年金受給日の郵便局，店頭など人が集まるところに出向くこと
- 利害関係者と協力し，飲み物や屋台が出され展示もあるイベントを開催すること

■フィールドワークと報告

　準備が整うと，過程の核心であるフィールドワークが始まる。これは，一次的資料，二次的資料から情報を集め，それを統合し，分析し，原案をつくることまでを含む。準備段階では，主導グループを通してコミュニティの参加が強調された。依然として主導グループやマネジメント・グループは，何らかの意思決定を行い，より広範なコミュニティも多くの情報提供を通じて関わるが，この段階では，ボランティアも重要な役割を果たすことができよう。

　ボランティアは，データ収集から，整理，分析までのあらゆる局面に参加してもらえる。もちろん既にこれらのスキルを有している人たちは有益な存在となるが，新しいスキルや経験を得たいと願う住民にとって，プロファイルはまたとない機会となる。あなたの行うプロファイルでは，どのようなスキルが必要だろうか？　それは教えられるものだろうか？　そのスキルを喜んで伝授しようとする人や組織は，存在するだろうか？

　アンケート用紙を作成し，試行をする際に，きわめて重要なのは，コミュニティと利害関係者の参加である。その質問は，プロファイル対象のコミュニティ・メンバーにとって，意味を持つ問題を扱い，また重要であることを保障しなければならないだろう。調査に用いられる言語，場所，物はそれぞれ地域の実情を踏まえているか？　質問は，住民が答えられ，かつ回答することに興味がわくものか？　また，フィールドワークを行う際には，コミュニティ全体が

図 4.6 「接触困難」（hard to reach）な集団への接触方法

- まず，青年クラブ，礼拝所やデイケア・センターといったような集団をよく知っている場所やネットワークのキーパーソンから名前を把握する。
- 回答者に，面接できそうな同様の境遇にある人や集団を知っているか，次々に尋ねて行く。このように回答者を増やしていく方法は，「雪だるま方式」といわれている。
- 人は自分と似た相手の方が応答しやすい傾向があるので，女性には女性が，青年には青年が，アジア人にはアジア人が面接するのが良策である。
- 少数民族の中には，その言語を話すインタビュアーが必要な場合がある。
- インタビュアーが複数いる場合，全員が集まり，質問の翻訳を統一しておくこと。
- 障がいや行動上の問題を有する人の場合，入所施設やデイケア・センターのスタッフに支援を依頼したり，また回答者が承諾していれば，面接される人のために代弁者を参加させる。

参加できる方法を十分に考えておくことが望まれる。知的障がい者，識字に問題のある人々，民族的背景をもつ人々などが参加する場合は，多くの倫理的，実際的課題について考慮する必要がある。コミュニティにおいて疎外されがちな人の参加については，図 4.6 に幾つかの示唆が示されている。

　調査の実施に際しては，発達障がい者，視覚や聴覚障がい者を支援するスキルが開発されている。これについては，図 4.7 に示されているが，専門スタッフがあなたの力となろう。

　当然ながらプロファイル原案は，後に手を加えられるが，原案は一連の作業の最初のお披露目であり強い印象を与える。そのため，対象となるコミュニティや関係者に分かりやすく，受け入れやすいようにしておくことが重要である。データ解析については，コミュニティの代表者たちが重要な役割を果たしてくれるだろう。特に興味を引く知見が得られた場合，その理由について意見を求める際に大いに立つであろう。冗長な型通りのコメントが，報告書に息吹を与えるだろうか？　まず原案は，利害関係者たちによって，そして特に対象となったコミュニティにおいて検討されるべきである。

図 4.7　障がい者とのコミュニケーション方法

- 難聴の人に対しては，口話や筆記がよいだろう。
- 英国手話を用いるろう者に対しては，タイプトーク，ビデオホーンやミニコムを用いることができる。手話を用いないろう者の多くは，口話に頼っている。
- 全盲や弱視の人に対しては，テープレコーダーの利用，そして文字の拡大や点字に変換する機器の使用が大いに薦められる。
- 学習障がいのある人の多くは，大きな印刷物や記号を好むし，中には録音テープと拡大印刷，録音テープと記号などの組み合わせを好む人もいる。
- コンピュータ・ディスク，Ｅメール（専門家によって利用可能）やテキストホーンもまた用いられる。

　この検討は，公開ミーティングやウェブサイトを通して，公開展示会での主要成果の紹介，利害関係者のワークショップやコメントの依頼によって，またコメント票付の要約シートの配布によって，あるいはプロジェクトに参加した利害関係者やコミュニティ代表者からのフィードバックによって行うことができる。それらから修正が加えられ，プロファイルの最終報告が作成される。報告書は，原案と同様に関わった人すべてが，コピーを持つか，コピーが見られるようにしておくこと，そして，より広範のコミュニティのメンバーにも，プロファイルが作成されたことを周知することが非常に重要である。

■**アクション・プラン**

　すべてのフィールドワークを終え，コミュニティ・プロファイルの作成を終えたら，次は，プロファイルを基に実践をすべき時である。何をするかは，本来の目的，目標とともに，プロファイルの過程で生じたコミュニティからの影響に応じたものとなろう。プロファイルがどのように用いられるにせよ，何らかの方法によってコミュニティに影響をもたらすだろう。例えば，サービス制度の追加や変化を求めるキャンペーンや，コミュニティの問題に意思決定を行う人々やコミュニティ・メンバーの意識を刺激し，高めることを通してである。利害関係者やコミュニティの他のメンバーは，プロファイルから影響を受けて

いようが，彼らがこの段階でさらなる参加の機会を得ることは大変に意義深い。

　結果の公表がもたらす発展や公表後のイベントに，利害関係者やコミュニティを関わらせることは，もちろん大切である。プロファイルから得られた知見のコミュニティへの還元方法についても考えられなければならない。第9章では，これらの方法やコミュニティの参加に関する可能性について，さらに検討する。

第6節　主要項目のまとめ

　本章では，コミュニティと利害関係者の活発な参加を促進させる最善の方法を探る際，プロファイルを行う人々が直面する諸課題について考察した。まず，参加型調査の根底にある倫理的意味と価値について，なかでも専門的支援がコミュニティに与える潜在的効果について，考察する必要がある。多くのコミュニティへのサービスと同様に，コミュニティ・プロファイルは，コミュニティを抑制し，コントロールできるものであり，コミュニティの形成力を高め，エンパワして行く過程を支援するパワフルなツールになるであろう。

　次に，プロファイルの主題でもあるコミュニティの全体構造を明確に理解する必要がある。どのような区分や葛藤，いかなる権力構造が存在するのか？何が人々を結びつけているのか？　境界はどうなっているのか？　社会的，文化的ネットワークの基盤は何なのか？　これらの理解を深めるなかで，コミュニティや利害関係者とともに，プロファイルの目的や目標を発展させ，それを点検して行くことができる。

　さらにこの作業遂行にかかわる方法と過程を理解し，気を配る必要がある。これについては，初期の計画段階から最終成果が出るまで，そして二次的活用や修正まで同様である。関係する利害関係者の参加だけでなく，コミュニティを構成するすべてのセクションの意見を聞くべきである。そこで重要なのは，コミュニティ・メンバーのいうことに耳を傾けるにとどまらず，彼らをこの過程に意味のある形で参加させることである

　従って，最後に，全過程の主体性とマネジメントが重要となる。もし，メン

バーが何らかの方法でマネジメントを統制しているのなら，そこにはどんなメ
カニズムが働いていなければならないのか？　コミュニティのできるだけ広範
のセクションを参加させ，そのメンバーと他の利害関係者から，コミュニテ
ィ・プロファイルを主導する目的をもってパートナーとなってくれる一群のボ
ランタリーな支援者や個人を発掘することが，不可欠である。翻って，これら
のボランティアやコア・グループのメンバーは，広くコミュニティへの説明責
任を果たす方法を見出すことが求められる。必要とする人に適切かつ行き届い
た支援とトレーニングが用意され，また最大限の参加が維持されるように，プ
ロファイルを進める際には，十分な時間を確保するべきである。

参考文献

Etzioni, A. (1996) *The New Golden Rule: Community and Morality in a Democratic Society*. New York: Basic Books.

Haggstrom, W.C. (1970) 'The psychological implications of the community development process', in L.J. Cary (ed.) *Community Development as a Process*. Columbia, MD: University of Missouri Press.

Hillery, G. (1955) 'Definitions of community: areas of agreement', *Rural Sociology*, 20: 111–22.

Stacey, M. (1969) 'The myth of community studies', *British Journal of Sociology*, 20(2): 34–47.

Taylor, M., Zahno, K., Thake, S., Nock, M. and Jarman, K. (2002) *Exploring the Field of Residents' Consultancy*, Research Report 382. London: Department for Education and Skills.

第5章　方法の選択

　コミュニティ・プロファイルを監督するグループを作り，プロジェクトの目的と目標に合意したら，次に必要とする情報収集のためにどの方法を選ぶのか決めなくてはならない。本章では，多様な目的を達成する方法とそれらの方法を実践するのに必要となる資源のレベルと種類について考察する。また，第6章と第7章でより詳しく議論される多様なアプローチと方法の長所と短所を概観する。本章で議論される，どの方法を用いるのかを決定する過程の諸段階は，図5.1 の「決定ツリー」（decision tree）にまとめられている。

第1節　目的に方法を合わせること

　コミュニティ・プロファイルで用いるべき方法の選択に当たっては，そのプロファイルの全般的目的と目標，解決すべき課題，情報源，その情報を得るための最良の方法を考察する必要がある。全般的目的を満たすには，コミュニティ・プロファイルが満たすべき多くの様々な目標が存在するであろう。しかしながら，あまり多くの目標をもたなくてもよいことは確かである。もし，そんなに多くの目標をもつと，そのプロジェクトは荷が重すぎて成功はおぼつかなくなるであろう。初期計画において，目標のリストが長大なら，個々の目標に優先順位をつけて，トップの3ないし4つの目標に焦点化すべきである。

　目標が定まったら，個々の目標を満たし，答えやすい質問を作る段階にうつる（表5.2 はその例である）。調査の質問を作る手間を取ることに価値がある。細かく手間をかければかけるほど，適切な情報を生み出す方法をよりよく選択できるようになるであろう。

　加えて，その情報を集める方法が，重要だと感じる他の価値，例えばできるだけ多くのコミュニティ・メンバーを参加させること（第4章参照。コミュニティ参加が詳細に述べられている）に応じていることは，全般的な目標にとっ

図 5.1 調査方法の選択：決定ツリー

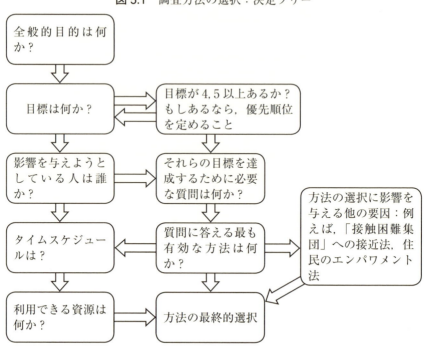

て大切であろう。また方法の選択に際して，倫理的問題を考慮する必要があろう。それには，得られた情報に関する守秘義務や情報提供者は何ら圧力を感じることなく自由に情報を提供できるように保障することが含まれよう。例えば，Packham（1998）は，ある調査方法は搾取的で問題の単純化をもたらし，従ってコミュニティ・デベロップメントの文脈には不適切であると述べている。

最後に考慮すべきことは，プロファイル作成に必要だと考えるタイムスケジュールである。目指しているタイムスケジュールは，外から押し付けられたものではないか？ 例えば，財政上の期日であったり，報告書に必要なコンサルタント会議や集会に従属した期日ではないか？ もしそうなら，そのことをよく計算に入れなくてはならない。ある方法，例えば大規模な面接調査の場合，ディスカッション・グループよりも準備と遂行に長い時間を要するであろう。

方法選択で留意しなければならない最も重要な目標は，質問に応える十分で

第5章　方法の選択　*67*

表5.2　目標，調査の課題と方法：幾つかの例

目　標	調査の課題	可能な方法
地域コミュニティのニーズをよりよく理解すること	地域の人口構成は？（年齢，性，少数民族）	センサスデータの解析
	成人の就職状況は？	センサスデータの解析
	最近利用された地域のサービスは？	調査，ディスカッション・グループ
	住民は地域サービスをどのように考えているか？	調査，ディスカッション・グループ
最近利用された地域サービスを明らかにすること	どのようなサービスがどこに存在するのか？	踏査／観察
	それらのサービスの供給者は？	サービスを提供する自治体と他の機関
	地域サービスの受給者は？　排除されている集団はあるか？	サービス・マネジャーへの面接，ディスカッション・グループ
サービス間のギャップを明らかにすること	地域コミュニティに追加すべきサービスは何か？	人口データと成人サービスのデータの比較，調査，ディスカッション・グループ

質の高い情報を得ることである。その質問は，関係者の熱意ややる気を損ねるような過度に複雑で冗長でコストがかかりすぎることなく，自ら設定したものである。

第2節　資源の確認

　計画過程の一部として（第3章参照），グループは，グループが有していたり，アクセスできる資源を見出さねばならない。これは，使用される方法を決定するうえで重要な考慮すべき点となろう。ある方法は，他の方法よりも資源優位である。方法の最終決定に至る前に，利用できる以下の資源を明確にする

表 5.3a　資源間の関係

資　源	高い利用率	低い利用率
人—時間		
スキル・専門性		
資金		

必要があろう。

- 既存の情報（第 6 章参照）
- 人—多様な課題に対処し得る時間をもっている
- スキル—調査や質問紙作成，面接，作文，データ入力と分析，広報
- 設備—コンピュータ，テープレコーダー，倉庫，電話，コピー機
- 資金

　これらの資源の中で最も重要なのは，時間とスキルと資金であろう。スキルには，プロジェクト・マネジメント，質問紙作成，データ収集，面接，データ入力，データ分析，報告書作成が含まれる。これらの資源間の関係が重要である。グループを特徴づける資源の組み合わせを決めるために，表 5.3a の欄を埋め，表 5.3b に示されている資源の組み合わせを考慮すべきであろう。

　資源の配置決定に際しては，他に考慮することがある。第一に，かなりの資源を持ちプロファイル過程の遂行に専門調査者やコンサルタントを「雇う」（buy in）ことができる場合であってさえ，あえてそうせずに自力で行うことには理由がある。それは，コミュニティ・プロファイリング作業の目的に関係している。もしその目的が，地域コミュニティのスキル，能力や自身の向上にかかわっているのなら，「自分でする」（do-it-yourself）アプローチは，コミュニティ・デベロップメントに大いに貢献するものとして，よりふさわしいであろう（第 4 章参照）。他方，全般的目的が，地域キャンペーンを支援するために強固な調査結果をもたらすことにある場合，専門調査者やコンサルタントの方が外部の聴衆に受けの良い仕事をするであろう。しかし，たとえ委託したとしても，あなたはプロジェクトの特定，調査者やコンサルタントの委託，過程

表 5.3b　資源の組み合わせ

時間＋スキル＋資金	＝適当な方法をピックアップする。
時間＋スキル	＝労働（資金ではない）中心の方法を選ぶ。例えば調査作業にボランティアを活用する。
時間＋資金	＝専門作業を委託する。しかし，ボランティアを訓練し，監督することも考慮する。
時間（低いスキルと少ない資金）	＝大変簡単な方法であるボランティアの利用を選ぶ。無料のアドバイスを探す。
スキル（少ない時間と少ない資金）	＝既存のデータを最大限活用する。ディスカッション・グループによって補足する。
資金（少ない時間と低いスキル）	＝コンサルタントに委託する。委託にかかわる技術を高める。
3つの資源がない	＝コミュニティ・プロファイルをこの時期に行うべきか否かを考える。グループが利用できる資源を増進させる以外の方法を考える。

の管理に深く関わらねばならないであろう。（調査者への委託に関しては，第4章に詳しく述べられている）。

　コミュニティ・プロファイルを自分ですることと外部の調査者やコンサルタントに委託するという両極の間には，何点かの考慮すべきポイントがある。例えば，外部の調査者やコンサルタントに委託する際，地域の人を調査者やインタビュアーとして採用することがある。また，地域の大学から（多くの場合，無料の）専門家を見つけ出すことも可能である。例えば，青年・コミュニティワーク学位を出している大学は，近隣に特化した評価型調査を学生に体験させたく思っている場合が多い。（Packham 1998 は Manchester Metropolitan University において行われているアプローチを紹介している）。コミュニティと大学間のパートナーシップは，行われる仕事の質と長期間の連帯の発展という観点から，それぞれに大きな利益をもたらすであろう。もっとも，このパートナーシップが実り豊かなものであるにしても，コミュニティと大学が，互いに相手がこのプロジェクトで何を達成したいのかについて理解し合うために，よきコミュニケーションを行う必要がある。また，地域基盤の調査を行う学生

表 5.4 一次的データ対二次的データ；量的対質的

	量 的	質 的
一次的	調査データ	対象グループ・ディスカッション，ケース記録，観察，写真
二次的	センサス・データ（保健，犯罪，住宅，教育統計）	新聞記事，写真

は，指導者からの組織的な支援とガイダンスを必要とするであろう。最後に，例えば質問紙項目作成に必要なコストを最小限にするため，他で実証済みの「既存の」(off-the-shelf) 資源活用パックやツールキットの使用を行うこともあろう（図 8.11 を参照）。

第 3 節　アプローチ

尋ねたい質問，利用できる資源と考慮すべき問題を考えてきたわけであるが，いよいよどの方法を用いるかを決める段階となった。この場合，ふたつの次元がある。まず，新しい情報（一次的）の収集と既存の情報（二次的）の利用とのバランスをとることである。ふたつ目は，利用したい，また必要な質的情報と量的情報にかかわっている（表 5.4）。

■二次的データ

これは，新たに収集しなくとも存在するデータや情報にかかわるものである。もちろん，それを把握し，解釈し，意味づける必要はあるであろう。二次的データ源とそれを手に入れ用いる方法については，第 6 章で詳しく考察される。ここでは，どのようなコミュニティにおいても，興味とかかわりのある何らかの情報が存在することを指摘しておく価値はある。このような情報の入手は，簡単な方法を用いてできよう。それはまた，他にも幾つかの利点をもっている。例えば，その地域のデータが全国データの一部である場合，その地域と他の地域との比較ができるであろうし，時間経過に応じた変化も追跡できるであろう。しかし，正確にはそのデータは，あなたの目的に沿って集められたものではな

いため，あなたが求める質問への答えになっていないかもしれないことを銘記すべきである。さらに，用いる情報がカバーしている人口とあなたが対象とする地域の人口とが「合っている」（fit）かをチェックする必要があろう。例えば，プロファイルの目的とするコミュニティが，住宅団地の境界や近隣といった空間的に定義されているにもかかわらず，用いようとするデータは，行政区に関するものである場合である。

　二次的データは，「量的」と「質的」がある。例えば，センサスは，地域や機関にかかわる次のような人口の量的情報を提供してくれるであろう。住宅部，警察，教育当局やプライマリー・ケア・トラストは，定期的にホームレス，犯罪や教育成果，保健のデータを収集している。そのようなデータは，普通，容易に利用できる状態になっているであろう。しかし多くの場合，それは行政区単位であって，興味をいだく近隣やコミュニティ別のデータではない。

　その地域の質的情報もまた利用できるであろう。それは，例えば，新聞記事，地域のイベントの写真や地域組織の記録などから得られるであろう。

■一次的データ

　ほとんどの場合，二次的データは，利用可能だとしてもコミュニティ・プロファイルが求める答えにかなったものではないであろう。これは，あなたの調査目的に答える情報を得るためには，新しい情報を得なければならないことを意味しよう。ここで再び，上記で考察したことを思い出して，量的調査，質的調査，その両者の組み合わせ調査を選択する必要があろう。その方法の詳しい議論は，第7章で述べられよう。ここでは，あなたの目的にもっともかなった方法を選ぶうえで参考になる方法の概略を簡潔にまとめてみよう。表5.5は，コミュニティ・プロファイリングにおいて最も一般的に用いられる方法をまとめたものであり，それぞれの方法の有益な点と短所が簡単に示されている。

　「一次的データ」収集にかかわる量的調査アプローチは，以下の質問に，すなわち，数は？　頻度は？　種類は？に答える比較的直接的な情報の収集にかかわるものである。コミュニティ・プロファイルで用いられる最も一般的な量的方法は社会調査であり，地域住民から情報を集める手段として，標準的な質問紙を用いる。調査は，郵送，電話，Eメールや面接といった方法がとられる。

表5.5 各方法の長所と短所

方法	有用	長所	短所
〈社会調査〉	多人数から外的で量的なデータを得るとき	説明的で記述的。適切に行えば結果に信頼性あり	質問紙作成とサンプル選びに技術性が必要
電話		迅速で安くつく	電話のない人がいる。英語がネイティブでない人がいる。閉じた質問形式で，調査者が質問を決める
郵送		迅速で安くつき，多くの人を対象にできる	回答率が低い。リテラシーが低い人には困難。閉じた質問形式で，調査者が質問を決める
面接		リテラシーが低い場合でも対応できる	手間暇がかかる。英語が第一次言語でない人に説明がいる。面接のバイアスがある
〈観察〉			
コミュニティ散歩	コミュニティの物理的感じを知る。サービスの場所，コミュニティの建物等	地域ガイドの基礎となる有益な情報を得る	体系的にしようとすると時間がかかる
参与型観察	地域生活の諸側面の記述	人々の「自然な」状況下での行動の記述。面接といった人工的でない状況で行える	手間暇がかかり外的調査者のスキルがものをいう
事例	個人や集団の深い事情を知る	調査データに深みと豊かさを加える。図解的資料を得る	守秘義務の問題。一般化の問題

〈非構造的データ収集〉	徹底した調査		
深い面接	少数の詳しい情報の収集	熟練インタビューアーによる	面接のバイアス。データ分析の困難。守秘義務の問題
フォーカス・グループ	主要課題と意見と優先性の深い議論	熟練ファシリテーターによる	データ分析の困難
〈二次的資料〉			
センサスと他の国家的データ	時間経過による変動の追跡。サンプル枠の提供	参加保障の困難	調査対象地区との不一致。標準化された統計
地域の統計	標準資料から地域の量的情報を得る	手軽で，利用しやすく総合的である	調査対象地区の正確な情報を得られないおそれ。標準化された統計。多くの多様な組織にアプローチする必要性
サービス利用者データ	特定のサービス利用者の意見の理解	手軽で利用しやすい。得やすい場合が多い。サービス提供機関は，年間利用者統計をもっている	データ源が小規模でサービス利用者の意見のみ。サービス利用者でない人のデータなし
文書分析例えば，地域組織,新聞，報告書の記事	背景と文脈的情報	時間経過ごとの近隣の問題や関心への洞察	記録の正確性。さいなものか否かを判別する方法の欠如

「観察」もまた，量的データを得る手段となろう。例えば，遊戯場を利用する子どもの数や地域のサービスが日にどれくらい利用されるのかの調査である。

74

　質的アプローチは，数量化に従う問題には関心がうすい。むしろ，それはより少数の人々の考え，感じ，見方，態度や経験を明らかにするためのものである。例えば，より少数の人々に対する「半構造面接」や非構造面接，フォーカス・グループの議論や事例である（図 5.6 を参照）。

図 5.6　調査：質問紙か面接か？

〈質問紙法の場合〉

- 多人数が参加する
- 意見よりも「事実」（fact）が探られる
- 標準化された形式からもたらされるデータが求められる
- 広い地理的範囲が求められる
- 回答する時間が短くて済む
- 多くの質問文を読む必要がある
- 調査者の時間が，想像以上に取られる

〈面接の場合〉

- 少人数が参加する
- 調査が探索的である
- 態度を探求する
- 行動の複雑な理由が探索される
- 微妙な部分が探索される
- 複雑な状況が存在する
- 非言語的反応が重要である
- 柔軟性が求められる

出典：Fuller, R. and Petch, A. (1995) Practitioner Research: The Reflexive Social Worker, Buckingham: Open University Press: 56

■方法の組み合わせ

　それぞれの方法は，長所と短所の両方をもっているから，質的方法と量的方法，一次的データと二次的データといった方法の組み合わせが意味をもつ場合が多い。それによって，そのコミュニティのより豊かな情報と，より総合的で

第5章　方法の選択　75

包括的な見解がもたらされるであろう。図5.7と図5.8において，データ収集方法の組み合わせによって，よき効果がもたらされることを実感するであろう。最初のケースは，地域保健ニーズのアセスメントであり，二番目のケースは，コミュニティ・オーディットとニーズ調査の組み合わせである。図5.9（次々頁）は，コミュニティ・プロファイリングに有益であると思われるが，それほど一般化されていない方法がまとめられている。再度，目的をまっとうするうえで，方法の組み合わせが重要であることを指摘しておく。

図5.7　保健ニーズ・アセスメントで用いられる様々な方法

> このプロジェクトの目的は，実践基盤の保健ニーズ・アセスメント用のガイドラインを定めるために，コミュニティにおける保健ニーズを明確にする4つの方法を探るものであった。
>
> 4つの補完的なデータ収集の方法が，Edinburghのある団地の670世帯からなる特定の近隣地区に用いられた。用いられる方法は，迅速参加調査，郵送調査，定期的小地域統計分析と実践情報の対照調査であった。それぞれの方法が，保健ニーズと保健ケアニーズに洞察をもたらし，調査者は「アセスメント方法の混合は，単一の方法よりも保健ニーズに関してより豊かな情報をもたらす」との結論に至った。

出典：Murray, S.A. and Graham, l.j.c. (1995) 'Practice-based health needs assessment: use of four methods in a small neighbourood', BMJ, 310: 1443-8

図5.8　コミュニティ・オーディットとニーズ調査における多面的方法

> この研究の目的は，Blackpoolにおける地域ニーズの理解の促進と，社会的排除，貧困と不利益の緩和に寄与するカウンシル（自治体）サービスに関するオーディットの実施であった。

この研究は，以下の主要な内容を含んでいた。

- カウンシル・サービスのオーディットは，シニア・マネジャーによる個人面接とすべての関係する戦略的文書，サービス供給文書の調査によって行われた。
- この調査が対象とする 6 つの地区でサービスを提供している機関を特定するために既存の地域グループとボランタリー組織への郵送調査。
- 地域グループに本研究の目的を知らせるためのコミュニティ・フォーラム。
- 6 つの地区の 600 人の住民への面接調査。
- 地域フォーカス・グループによる構造化された質問の組織化。

出典：Barnsley, K. (1998) Blackpool Community Audit. Blackpool Borough Council

第 4 節 「接触困難」（hard to reach）ケース

多くのコミュニティは，調査やコンサルテーションにおいて，「接触困難」と考えられる一群の集団を抱えている。当該コミュニティの全体像を描きたいと考える限り，接触困難な人たちといえども，彼らは重要である。伝統的に「接触困難」な集団の例としては，以下の人たちが挙げられる。

- 白人の労働者階級
- アジア系女性
- 子どもと青年
- 難民
- ロマや行路者
- ホームレス
- 知的障がい者

彼らは，様々な理由で接触が困難である。例えば，英語が第一言語でない，文字の読み書きが困難である，状況に起因する理由，問題の集団に「ぴったりした」サービスを提供する組織がないなどである。接触困難な集団に対する取

第5章 方法の選択　*77*

図 5.9　コミュニティ・プロファイリングに用いられる方法

- **行動地図**：人々の行動を日々や週ごとにプロットする。コミュニティ内の仕事，役割と責任の理解に有用である。
- **建物調査**：建物の修理や状態の記録。
- **外的関係プロファイリング**：外部の組織の役割と影響の調査。
- **ジェンダー・ワークショップ**：女性（や時には男性）のための状況，ニーズや優先性を分析するセッション。
- **歴史的プロファイル**：地域の昔からの主要な行事，信念や傾向と現代における重要なことを調べてリストアップすること。
- **世帯生活分析**：収入と支援の源と支出パターンの比較，困難時の対処法の探求。
- **インフォーマルな散歩**：歩くルートを決めずにグループで散歩し，会話し問題点を議論する。
- **マッピング**：様々な特徴を地図化する。例えば，資源。
- **組織のレビュー**：既存のグループや組織をレビューして，その役割，メンバー，計画可能性をアセスメントする。
- **個人歴**：個人の生活にかかわる詳しい陳述記録。特に重要な問題は何ですかと聞く場合が多い。
- **問題ツリー**：コミュニティの課題や問題の相互関係を木のように図式化して分析する。
- **ロールプレイ**：他者の役割とシナリオを演じる。
- **季節カレンダー**：一年の間に起きる変化を分析する。例えば，労働のパターンや生産物。
- **半構造面接**：フォーマルな質問紙を用いずに柔軟な質問チェックリストによってオープンな議論を行う。個人，グループ，フォーカス・グループや主要な対象者によって異なる。
- **シミュレーション**：効果を見るために行事や行動を行ってみる。
- **スキル調査**：コミュニティのスキルと才能をアセスメントする。
- **横断的散歩**：ゾーン化した土地を対象に，そのゾーンを系統的に歩き，特徴を観察し，記録する。

出典：Wates, N. (2000) The Community Planning Handbook. London: Earthscan

図 5.10　近隣に関する児童の意見

　このカナダ人プロジェクトは，近隣スペースの利用法やニーズについて児童の意見を聞く試みであった。認知マッピング法という技法を用いて，児童に大事だと思う場所をマッピングしてもらった。とりわけ調査者は，都市の景観，特に小道，角，地区，交差点やランドマークの特徴について児童がどのように知覚しているのかに関して洞察を得ることができた。

出典：Helseth, G. and Doddridge, J. (2000) 'Children's cognitive mapping: a potential tool for neighbourhood planning', Environment and Planning and Design, 27: 565-82

り組みについては，第4章と第6章において詳しく議論されている。調査方法の選択を考える文脈においては，その選択がある集団を事実上，排除しているか否か，もし排除しているのなら，コミュニティと住民の全体像を描くためにそれをいかに克服するのかを熟慮することが重要である。地域住民がいかに構成されているのかを知ることが，適切な方法選択を確かなものにする第一歩である。人口センサスが，その地域の人口構成に関する基礎的な情報を提供してくれるであろう（第6章参照）。（例えば，図5.10に見られるような近隣に関する児童の意見を得る興味深い方法がある）。

第5節　主要項目のまとめ

　本章の最初の部分では，計画を基盤にコミュニティ・プロファイルのために用いられる方法を決める際に考慮しなければならない要素を考えた。その主要項目は以下の通りである。目的にかなう方法をマッチングする重要性，調査質問の作成と質問に答える際に用いる最善の方法，利用できる資源を考慮し最も効果的にそれを用いること，量的方法と質的方法の両者を考慮し，第一次的データ，第二次的データの利用と収集のバランスを図ることである。引き続くふたつの節では，第二次的情報と第一次的情報の収集と利用をいかに進めるかに関するより詳細な議論を行った。

参考文献

Packham, C. (1998) 'Community auditing as community development', *Community Development Journal*, 3(3): 249–59.

第6章　既存情報の利用法

　新データの収集，整理，分析には，時間がかかるとともに，労力を集中させなければならない。そのため，新情報の収集に膨大な労力を投入する前に，コミュニティ・プロファイルに利用でき関連するであろう既存のデータをチェックすることが重要である。プロファイリングを行うどのコミュニティでも，既存の，または二次的なデータがほぼ確実に存在し，それが役立つであろう。そのデータが調査のためのものでも，法的なものであっても，時間と資金を節約できよう。本書第一版の刊行以後，インターネットが発達し，多彩なデータと情報の電子媒体での公開と相まって，現在では幅広い種類の情報を，アクセスしやすく，使いやすい形で探し出すことが可能となってきている。

　本章では，どのような既存のまた二次的情報が有効であるかを検討し，それをどのように取り出し，プロファイルの一部として利用するのかを考える。

第1節　二次的情報のプロファイルへの貢献

　上記で，二次的情報の利用によって時間と資金が節約できることが示され，他の誰かがあなたのために作業を既に行ってくれているのであれば，情報収集を行う必要はない（もっとも既存情報の利用に関する第2節では，使用上の注意点を述べている）。しかし，これが，既存のデータや情報を利用する唯一の理由ではない。

　地域コミュニティで調査を実施しようとする場合，二次的データが，地域エリアの人口構成の理解に役立ち，またサンプル（標本）の代表性の保証，つまり，調査する標本人口の構成が，その母集団の人口構成とほぼ同じであることを保証するうえで役立つであろう。（この標本抽出に関するさらなる情報は，付録2を参照のこと）。

　二次的情報を活用する二番目の理由は，それがプロファイル過程で集めた情

報の文脈や比較を提供してくれるからである。例えば，あなたのコミュニティにおいて，健康と不健康の情報を集めたい場合である。その際，比較の基礎がなければ，その結果が，一般的にそう言えるのか否か，何らかの行動を必要とするものか否かについて，判断できなくなろう。この場合，その健康に関する結果と，より広い地域の人たちとの健康状況，もしくは年齢，ジェンダーや民族性の類似する地域の人たちの健康状況と比較する必要がある。既存のデータ源を用いて，地方や国レベルのその地域における地域性と他との比較ができる。

　既存の情報源を使用するもうひとつの利点は，時間軸で傾向を追跡できる点である。時間軸で傾向を追うことにより，地域で起きていることが総じて良い方向なのか，悪い方向なのかを検討することができる。

　最後に，興味をいだくデータ，特に量的データを収集できない場合がある点である。例えば，コミュニティ組織が，罹患率と死亡率（疾病と死亡）に関する信頼性の高いデータを得ることは極めて困難である。それについては，プライマリー・ケア・トラストの公的統計を信頼し，そのデータに健康への態度やサービスへのアクセスなどの地域で収集した情報を加えていく方がよいであろう。

第2節　二次的情報の種類

　地域に関する情報を一度探し出し始めると，あなたは「情報過多」の犠牲者となる危険性がある。様々な情報源から利用できそうな極めて多くの情報が存在している。情報が目的に有益であるかを検討する際，そのデータの信頼性や「確実性」（reliability）だけでなく，章末で示しているように，その目的にかなっているかという問題にも取り組む必要がある。コミュニティ・プロファイルのために特定した調査課題（第5章参照）に立ち返り，どの二次的データによりそれらが答えられるかを考え，その情報を探すのである。他に，まず「そこに何があるのか」を把握するために，トロール方式で探索しようとすることもあろう（二次的情報の種類は，図6.1参照）。この目的のために，インターネットが素晴らしいツールとなる。自前でインターネットを利用できないので

あれば，地域の図書館を通じて行うことができよう。図書館司書が，地域に関する適切なウェブサイトを紹介してくれるであろう。多くの地方自治体が，インターネット上で幅広い地域情報を提供しており，それによって容易に利用可能なものを見つけ出すことができよう（自治体が提供する情報の種類については，図6.2参照，次頁）。

図6.1　二次的情報の種類

「ウェブサイト」：利用できそうなウェブサイトは多くあるが，信頼できる情報源からのみの情報を使用しなければならない。（付録3の主要サイトのまとめを参照のこと。さらに www.vts.intute.ac.uk/tutorial/social-research-methods を参照のこと）。
「地域の新聞」：地域の関心事や課題の情報を提供してくれる。
「公式の閲覧可能記録」：例えば，地域組織の会議の議事録など。
「公式な報告書や統計」：二次的データの主な源泉であり，一般に認められているものである。しかし，公的な報告書や統計といえども，批判的かつ一定の注意を持ちながら利用すべきである（図6.4参照）。

■**地域文脈**

コミュニティ・プロファイルの準備作業の一環として，地元紙の過去の記事を振り返ることにより，関連する諸問題を洗い出せるであろう。すなわち，ここ数ヶ月間で関心が高まっている諸問題に光を当てることができるであろう。さらに，地域組織の予定や会議録から，その地域で起こっていることの洞察を得ることができる。

www.upmystreet.com などのウェブサイトを閲覧することにより，まさにそのコミュニティに対する全体的な雰囲気を知ることができる。これらのサイトは，特定のエリアにかかわる基本情報はもとより，地元住民の分析や住民特性の近いエリアとの比較から，地域コミュニティの「プロファイル」も提供してくれる（図6.3，次々頁は，upmystreet. com から得られた Leeds 市の一部のプロファイルである）。

84

図 6.2　Devon 州のインターネットで利用できる情報の例

「2001 年センサス」：2001 年センサスからの主要統計，1991 年と比較できる。

「地理的エリア」：郡別，人口密度

「人口」：推計と予測

「他の人口動態」：移民，出生と死亡

「失業」：総計，割合，若者，長期

「農業」：労働力，保有地の配分，推計標準産出高

「他の経済動向」：ビジネス，雇用，雇用の場，小売物価指数，国内総生産

「住宅」：価格，カウンシル・タックス（住民税）の区分帯，満期，土地利用，
　　将来性等

「観光」：観光客数，旅行者消費額，気候

「教育とトレーニング」：学校の種類，生徒と教師の数，学級の規模，トレ
　　ーニング統計

「社会動向」：給付情報，ひとり親，単身年金者，長期療養者

「交通」：自動車保有状況，航空機運航状況

「環境」：保存区，廃棄物，水質汚染

「保健」：出生率，死亡率

「地域安全」：交通事故，犯罪，火事と救急，trading standards

「外部基金プログラム」：ヨーロッパや英国の基金

「不利益（貧困）指標」：総合デプリベーション（貧困）指標，センサス指
　　標

「地域評価」：地域評価報告書

「業績指標」：住民への対応，サービス供給体制への対応

「選挙統計」：有権者数，選挙結果

出典：www.devon.gov.uk/dris/main_mnu.html，2006 年 11 月 9 日参照

■人口について

　コミュニティ・プロファイルの最終目的が何であろうと地域住民の情報が必要なことは言うまでもないであろう。例えば，そのエリアの人口はいくらか？住民の年齢構成はどのようになっているのか？　5 歳未満人口もしくは 75歳以上人口の割合はどうなっているのか，住民が属する民族集団はどのように

図 6.3 upmystreet.com からの Leeds 市 Headingley のプロファイル

この郵便コード地区の住人たちの多くは，郊外型の民間賃貸住宅に住む専門職の人たちである。彼らは，エーコン（ACORN）職業分類において 19 類型に分類され，この種の全英人口の 1.09％にあたる。

このプロファイルと同様の近隣地域として，Outer London の Richmond-upon-Thames，Sutton，Bromley，そして Cheltenham の St Albans，Guildford があげられる。下記は，あなたの近隣地域にも見られる嗜好や特徴に関するこの地区の概観である。

世帯収入	高い
時事問題への関心	極めて高い
抵当権付き住宅	中
教育水準	極めて高い
子どものいるカップル	極めて低い
衛星テレビの保有状況	極めて低い

これらの若者は，中心市街地に住むことなく，都市の利益を得られるような大きな郊外地域で暮らすというライフ・スタイルを選択してきた。その 20 代から 30 代はじめの人たちは，高学歴で専門職や管理職としてのキャリアを積んできている。

彼らは，魅力的な郊外や衛星都市の目的別の集合住宅で生活している。中には持ち家派もいるが，彼らの多くは賃貸住宅を借りている。

彼らは，多様な方法で移動する。可能ならば，公共交通機関やバイクもしくは徒歩により，どこにでも通勤するが，多くの人は自動車を有しており，新型の高価なモデルを購入することも多い。

彼らは，生活のあらゆる側面においてインターネットを利用することにより，極めて快適な生活を送っている。例えば，金融サービス，ギフトや CD，本などの購入，休日やレジャーのインターネット予約などである。

休暇については，週末の休日や冬季休暇に，アメリカやカナダ，その他の長距離の旅行が人気である。彼らは，空き時間の中で，スポーツや運動を楽

しむ。彼らはまた，洋服のショッピングや外食に支出する傾向がある。

　彼らは，時事問題への関心を有し，大衆紙を読む傾向にあるが，特定の話題に偏ることはない。

なっているのか？　障がい者数はどのくらいか？　住民の世帯構成はどのようになっているのか？　などである。英国全体における住民の主要情報源は，人口センサス（調査）である。このセンサスは10年ごとに行われ，原則として全ての成人を対象に，回答者自身のこと，世帯のこと，雇用状況その他の属性に関する多くの質問を行う。法律上，全住民にセンサスの質問紙に回答する義務がある。結果として，センサスが最も包括的な住民に関する情報源であり，政府の省，基礎的自治体や広域的自治体といった多様な公的機関によるサービス計画策定や資源配分のために利用されている。最新のセンサスは，2001年4月に行われ，次回は2011年に予定されている。

　2001年のセンサス以降，その結果はインターネット上（www.statistics.gov.uk/census/）から無料で利用できるようになっている。（スコットランドと北アイルランドにも同様のサイトがある）。さらには，多くの地方議会が，センサス・データに基づいて独自の近隣プロファイルを公表している。インターネット上のセンサス・データは，地図や表の様式で入手できる。その結果は，多様なエリアごとに利用可能である。例えば，地方自治体エリア，保健医療当局エリア，国会選挙区エリア，パリッシュ（教区），郵便コード地区などである。また，センサスのデータは，「アウトプット地区」（output areas）として知られるより小規模なエリアにも対応している（2001年に登録地区に置き換えられた）。個々のアウトプット地区は，約125世帯からなる。また，アウトプット地区は，wards（区）とパリッシュの「入れ子」（nest）である。アウトプット地区は，グループ化されて「スーパーアウトプット地区」（super output areas=SOAs）を構成する。それは，センサスからの主要データを示すために広く利用されている。国勢調査のデータに加えて，全国統計局が，郡（district）やそれ以上の地域での人口の年間推計を公表している。

■特別な問題について

住民の構成や特性に関する一般的な情報に加え，より特殊な問題の情報を求めることもあるであろう。その場合，政府の近隣統計のウェブサイトである（www.neighbourhood.statistics.gov.uk）は，始めるのが得策である。このサイトは，以下の項目を含めた広範な小地域の統計を提供してくれる。

- 2001 年センサス
- サービスへのアクセス
- コミュニティの福祉・社会環境
- 犯罪とコミュニティの安全
- 経済的不利益（貧困）
- 教育，技能とトレーニング
- 保健と社会ケア
- 住宅
- 指標
- イングランドにおける不利益（貧困）指標
- 住民と環境
- 不就労

さらに，次の項目について地域のデータを入手することができる（地方自治体の郡や ward 区レベルのデータ）。

- 不利益（貧困）：イングランドの全地方自治体内の郡と ward 区は，各不利益指標の総合という形で多面的不利益指標によりランク付けされている。
- 手当と年金：労働年金省は，全ての主要な年金と手当の受給について，地域の受給者数のデータを提供している。
- 教育：教育技術省は，地方自治体エリアと個々の学校の，初等学校到達段階（Key Stage）1 と 2，義務教育修了試験資格（GCSE），シックスファーム修了試験（GCE）A レベルの到達度を公表している。さらに，各エリアにおいて 16 歳以降の教育に関するデータも利用できる。このデータ

は，教育技術省のウェブサイトから全国的規模で入手できるし，地方教育当局から地域ごとのデータの利用も可能である。

- 犯罪：内務省は，「犯罪と無秩序対策パートナーシップ」（Crime and Disorder Reduction Partnership）のレベルから全国レベルまでの警察が認知した犯罪データを公表している。このデータは，全国的には内務省から，地域的には上記パートナーシップから，利用可能である。
- 保健：公的保健局長は，地域ごとの保健報告書を毎年発行する。
- 住宅：住宅関連情報，例えば不動産保有形態や住宅の形状については，センサスから入手できる。さらに，地方自治体の住宅部は，住宅戸数，空室数，ホームレス数などのデータを提供している。
- 所得と収入：データは，時間と収入に関する年次調査から入手できる。
- 雇用：労働力調査は，毎年実施されており，雇用のあらゆる側面の膨大なデータを提供している。

■地域サービスについて

地域の法定サービスに関する情報は，多様な源泉から入手できる。地方自治体が，「地域サービス目録」（Directory of Local Services）を作成しているかチェックしてみるのが良いであろう。それは，最近のサービスの監査に役立つ基礎を提供してくれるであろう。さらに，地方自治体とその提供するサービスに関する監査委員会報告書を閲覧することにより，自治体の提供するサービスも含む主要な地域サービスの遂行度をチェックできる。地域サービスを監査する他の機関も情報の有益な源泉となる。例えば，学校，保育所，その他の児童サービスについては，「英国教育水準局（Ofsted）監査報告書」が，社会的ケアについては，「社会サービス監査報告書」が情報源となろう。さらに，全地方自治体は，定期的な顧客満足度調査を実施する義務があり，これらの調査結果を入手することもできる。監査委員会地域プロファイルは，イングランドの各地方自治体のプロファイルを提供するために，広範にわたる地域データをまとめている。それには，人口情報だけでなく，サービスの実績，独立監査官による評価，地域調査に示される住民の意見が含まれている。

第6章　既存情報の利用法　*89*

第3節　二次的データの利用法

　二次的データは，上述してきた種類の機能を満たす非常に有益なものであるが，一方で注意すべき落とし穴の可能性もある。それらの欠陥は，一般に二次的データは，あなたが，またあなたのコミュニティが意図的に収集したものではないことに起因する。あなた自身のニーズを満たすように，そのデータを解釈し用いなければならないであろう。二次的データを使用する際，以下のキーポイントを考慮に入れるべきである（図6.4にまとめられている）。

図6.4　二次的データに関する疑問点

- 誰がそう言っているのか？そのデータの出所はどこか？それは信頼できる権威ある出所か？
- どのようにしてデータが産出されたのか？データ収集には，どのような手法が用いられたのか？そのデータは，熟考されたものか？サンプルを用いる場合，広範なコミュニティについても妥当するほど，そのサンプル数は十分なものであるのか？
- データは想定されているものを測定しているのか？例えば，犯罪数は，実際の犯罪件数を意味しているのか？それとも警察に報告された件数のみを計上しているのか？
- データは，最新のものか？そのデータは，最近収集されたものか？
- データは，正しくその地域をカバーしたものか？データの関連する地域とあなたの地域は，どの程度適合しているか？
- そのデータで，分からないことは何か？それが有益で適切なものにするために，データに関して知るべきことが何かあるか？もしあるなら，その答えを見つけ出すことはできるか？

■データ源はどこか？

　まず，データの源はどこかを検討する。そのデータは，信頼できる組織からのものであるのか？　精密な調査に耐えうるほど権威あるデータを作り出せるか？　本章で言及されているデータ源の多くは，「公的」（official）なもの

である。言い換えると，そのデータは，地方や中央の公的機関によって標準化された手法に基づき収集されたものである。このことは，公的データの性質に関して，全く論争がないことを意味しているのではない。例えば，失業や病院の待機者リストといった政治的に微妙な事柄の測定根拠に関して，疑問がたびたび投げかけられてきた。また，そのような情報収集の基盤が，政府にとって好都合になるように変更されることに対しても非難がなされてきた。しかしながら，一般的には，地方，中央のいずれで集められたデータであろうとも，公的データは，極めて高い水準のものであることは確かであり，利用する際も最も信頼性の高いものである。

■データは妥当か

　第二の疑問点は，そのデータは目的である測定したいデータであるのかという点である。例えば，公式な失業者数では，実際には，未就業数だけでなく，手当申請を行っている人数も勘定に入れている。手当受給資格のない失業者は公的失業者数に含まれず，反対に一部の実際には求職活動を行っていない失業者は含まれるのである。

　このことに関連して，標本や標本規模の問題がある。ある調査の結果得られたデータを考察する場合，その調査の回答者が少数であり，その回答者全員が調査者の友人であれば，そのデータがより広い住民人口に該当するか否かを問う必要があろう。さらに，調査票が特定の回答を強いるような誘導的質問で埋められていることが分かった場合，偏向が強すぎるため，このデータは用いることはできないものとして破棄すべきである。言い換えると，使用しているデータについて，適切かつ厳格な手法を用いて収集されたものであるという確信が持てなくてはならない。

　これに関して，さらに考慮すべき点は，次のような疑問である。すなわち，他の誰かが同様の調査もしくはデータ収集を行った場合，その結果は同一であるのか，ということである。そのデータが，厳格な手法を用いて，丁寧に抽出されたものであれば，この疑問に対する回答は「イエス」である。しかし，データ収集の設計や実施が，不十分であった場合には，その回答は，おそらく「ノー」であろう。

最後に，そのデータが期待していたものに沿っているかという点を考えるべきである。もしそうならなかったのであれば，それに関する可能性のある説明を検討することが重要である。例えば，地域住民の大多数が，地元のパブの営業時間の延長に好意的であることを調査が示しているが，過去に地域の反対意見があったことを知っている場合，そのデータとデータの収集方法をより精査しなければならない。例えば，調査に用いられたその標本は，全住民を代表しているのであろうか？　もしその標本が17歳から25歳の若者に偏っているのであれば，この調査結果にさほど驚くことはないであろう。さらに，その調査が，金曜日の午後11時に地元のパブの外で行われたのであれば，その結果も驚くこともないであろう。

■情報の更新

コミュニティの変化はきわめて速く，そのため用いているデータを可能な限り最新のものとすることが重要である。（この点について，センサスの場合，10年ごと行われるので困難がある。最新のセンサスは，2001年に行われたものであり，そのためセンサスの中間点を過ぎるとそのデータは古くなり始めている）。データ群を見る際には，利用可能な最新のものを常にチェックしなければならない。

■データがカバーしている地理的エリア

コミュニティ・プロファイルの文脈で，二次データを使用する際に直面するであろう重要な問題は，そのデータが，行政エリアのものであることである。行政エリアとは，ward区，地方自治体郡部，プライマリー・ケア・トラスト，警察区などであり，それらは，公的データ収集の基礎単位となっており，必ずしも，あなたのコミュニティや近隣地区を規定するエリアと同一の境界を有しているわけではない。コミュニティ，特に地域住民自身が規定するコミュニティは，必ずしも行政の境界線と一致せず，実際，それは機関を横断しているかもしれない。そのため，自分たちが収集したデータを他の情報源のデータと比較する際には，「おおよそ」（like with like）の比較を行っていることに留意しなければならない。

第4節　主要項目のまとめ

　新規データ収集という費用がかかり資源を集中的に投入する作業に取り掛かる前に，既存のデータ源を探索し，それがコミュニティ・プロファイルで取り組む課題にどの程度，解答をもたらすかをチェックするのが有益である。さらに，二次的データによって，正確な標本抽出という目的のために地域住民の構成を把握できるとともに，それは他地域との比較の基礎をもたらすであろう。インターネットの発展により，コミュニティや近隣に関連する広範なデータ源へのアクセスがより容易になってきている。本章では，中央と地方の利用可能な主要データ源の指標を提供してきた。コミュニティ・プロファイルにおいて二次的データの利用を検討する際には，以下のいくつかの主要な疑問点を検討する必要がある。すなわち，データの出所はどこなのか？　データ源は信頼でき権威のある源泉といえるか？　データの妥当性はあるのか？　測定したいことを測定しているか？　データは更新されているか？　そのデータが包含している地理的範囲はどこまでか？

表 6.5　データのオンライン情報

ウェブサイト	利用可能な情報	コメント
www.upmystreet.com	郵便番号ごとの学校，地域サービス，警察と犯罪率などの情報を得ることができる。近隣プロファイルは，エーコン分類を基礎としても得ることができる。	データが必ずしも完成ではなく，近隣プロファイルは，人口構成の分析と，同様の人口をもつ他の近隣分析に基づいたプロファイルの提示から，作成される。
www.ofsted.gov.uk	地域の学校，保育所，課外クラブ活動に関する監査報告書をダウンロードできる。	監査は規定の監査枠組み内で実施されている。そのため，地域サービスの幾つかの側面は含まれない。
www.neighbourhood.statistics.gov.uk	郵便番号ごとの，人口，アクセス可能なサービス，地域の福祉，犯罪と地域安全，経済的不利益，教育，技術及び訓練，住宅といった利用可能な	ward 区，地方自治体エリア，スーパーアウトプット・エリア，保健当局，教育当局，教区といった多様なレベルの権威ある公的データ源である。

		第 6 章　既存情報の利用法　*93*
	データを含んだ国勢統計局作成の近隣プロファイルをダウンロードできる。	
www.area.profiles.audit-commission.gov.uk	このウェブサイトは，地域プロファイルの総合の仕方を提供している。また，10 の生活の質の遂行度をダウンロードすることができる。	地域プロファイルに使用されている地理的エリアは，地方自治体エリアである。しかし，このウェブサイトは，地域公共サービスに関する住民の意見のような法的調査を始めとする有益な文脈を提供している。
www.statistics.gov.uk/census2001/	このウェブサイトは，イングランドの 2001 年センサスのデータに無料でアクセスできる。スコットランドと北アイルランドにも同様のサイトを利用することができる。	人口とその特性に関するあらゆる側面の公的統計データである。
www.communities.gov.uk/index.asp?id=1128444	イングランドの 2004 年多面的不利益指標は，多面的不利益指標の測定の中でも最新の包括的な測定値である。不利益の範囲や集中度に従って地域を比較し，ランク付けを行っている。	7 領域の不利益に関連した指標により構成される複合的指標である。
www.dwp.gov.uk/asd/statistics.asp	労働年金省は，公的年金，年金クレジット，所得保障，求職活動手当，重度障害者手当，就業不能給付などの年金と給付に関する多様な地理的エリアに関連したデータ群を公表している。	有意義ではあるが，データ群が複雑である。
www.dfes.gov.uk/inyourarea/	地域名か郵便番号を入力すると，地方自治体エリアやward区ごとの，学校統計や16 歳前後の学習到達度を入手できる。	

（続 き）

www.crimestatistics.org.uk/output/page1.asp	郵便番号ごとの，地方自治体エリアの犯罪に関する最新情報を得ることができる。	
www.nomisweb.co.uk	年次人口調査，労働力調査，求職者手当申請者数，労働年金省の給付，年次企業調査，時間と所得に関する年次調査などの多様な源泉から地域の労働市場に関する統計を公表している。	
www.audit-commission.gov.uk/reports/NATIONAL-REPORT.asp?CategoryID=&prodID=0D488A03-8C16-46fb-A454-7936FB5D5589	地域の経済的，環境的そして社会的な活動を示す監査委員会の開発した45の生活の質指標情報を提供している。	地方自治体レベルで幅広いデータを提供している。同一の指標に基づいて，全ての地域からデータ収集しているため，比較可能である。この指標は，地域コミュニティと全体としての地方自治体エリアとの比較の基礎として利用できる。
全てのウェブサイトは，2006年11月7日現在		

参考文献

Figure 6.5 provides an annotated list of online sources of information.

第7章　新しい情報の収集

　第5章は，あなたのグループやあなたが行おうとするコミュニティ・プロファイルにとってベストの方法を決める手助けとなろう。プロファイルは，前章で述べた二次的データからのデータ収集に基づいてまとめることもできよう。しかし，ほとんどの場合，既存の情報源からあなたが必要とするすべての情報を得ることはできないであろう。したがって，新しいデータや一次的データを集めることになろう。本章では，一次的データを集めるための主要方法，それらの方法の長所と短所，またあなたのコミュニティ・プロファイルに最も適した技法の選択に関する問題を詳細に取り上げる。

　本章は，コミュニティ・プロファイリングにかかわる一次的データ収集の三つの主要技法を取り上げる。すなわち，「調査」(surveys)，「観察」(observation)と「綿密なデータ収集」(in-depth data collection)である。調査は，多人数にかかわる情報を収集するための最も一般的な方法のひとつである。調査を行うに当たって二つの原則がある。回答者が自ら回答するか，インタビュアーが質問しその回答を記録するかである。調査遂行にかかわる詳細な情報は，付録2に示されている。コミュニティ活動の観察と体系的な観察記録は，情報収集の手段として用いられ，それは多大な利益をもたらし，プロファイルに彩りを添えるであろう。最後に，個人や集団から綿密な情報を収集する方法を考察する。

第1節　方法の選択

　新しい情報の収集にあたり，いかなる方法を用いようとも，以下の三つのことを第一に考慮すべきである。

・特定されていること

- 体系化されていること
- 客観的であること

図7.1　新しい情報収集の方法を決める際の注意点

- プロファイルの目的
- プロジェクトの目標
- 集めたい情報の種類——量的か質的か，「事実」（fact）か意識か
- どのような人から情報を得るのか——個々の住民，住民集団，現場のサービス提供者，コミュニティの代表者
- 自由に使える資源——資金，時間，人材
- あなたの集団が持つスキル——質問紙作成，面接スキル，コンピュータ操作の熟達度，データ分析，グループワーク

　必要とする情報は何なのかをはっきりさせる必要がある。そしてそれをどのように得るのかを明確にする。混乱した思考は，混乱した結果を招くであろう。できるだけ注意深く情報を集めることが肝要である。それらがうまくいかないと集めた情報は無価値なものとなり，データを用いようとする人や，結果を知らされた人の目には，そのプロファイル全体が疑わしいものに映るであろう。同様に，データ収集における見解や意見は，その過程を妨害するものではないことが非常に大切である。これは特に，質問紙を作成するとき，質問するとき，議論をするとき，また観察事実を解釈するときに，心に刻むべきことである。

　新しい情報を集めるときに用いる方法を決める場合，図7.1にリストアップされた事柄を考慮する必要があろう。例えば，コミュニティ・プロファイルがより広いコミュニティ・デベロップメントの活動の一部として主に意図されているとき，その過程が集められた情報と同じように重要なものとなろう。すなわち，例えば戸口面接調査のような，コミュニティ参加の機会を最大化させる調査方法がよいであろう。他方，地域社会が現在満たされていない重要なニーズを抱えているということを組織に納得させることが目的であるならば，より「厳密な」（hard）統計情報をもたらす方法，例えば大規模な郵便調査のよう

な方法が適するであろう。

第2節　調　査

　基本的に，調査は比較的大規模な母集団から標準的な形の情報を収集する手段である。もし情報をより分析しやすくしたり，異なる集団の回答と比較したいのなら，構造化された方法で情報を収集する必要がある。しかし，調査で得た情報は，その収集に用いた手段に従属するものに他ならない。これは，集めたほぼすべての情報を台無しにしてしまうミスをいとも簡単に犯しやすい所である。調査の実施には資金と人的資源の両面でコストがかかるのであるから，求める情報を収集するために本当にその調査が必要だという確信がなければならない。

　調査は，回答者（質問に回答する人々）自らが調査票へ記入することを求めるもの（自記式質問紙），そして回答者以外が質問し回答を記録することを求めるもの（面接調査）に分類できる。

■自記式質問紙

　自記式質問紙は，オンラインやインターネットを基盤とした調査も増えてきてはいるが，通常は人々の自宅に郵送・配達されるものである。特に郵送調査は，相対的に迅速で簡便に実施でき，非常に多数の人々を対象とすることが可能である。自記式質問紙が有用であるのは，比較的大規模な集団における，論点についての表面的な，大まかな傾向を知りたい場合であろう。小さなコミュニティ，特に地理的に密集したコミュニティでは，その有用性は劣るであろう。短い自記式質問紙は，集団形式の調査に適用できることもある。例えば，学校のクラスや，コミュニティ・オーガニゼーションの一環としての短期間の活動や，信仰グループのミーティングである。

　インターネット調査は，徐々に普及しつつある。それらは郵送，電話または訪問調査よりも速く，安く簡便である。質問紙はEメールで送信されるか，もしくはウェブ上での回答を促すことも可能である。インターネット調査は，より大規模な調査や，伝統的な調査方法では到達困難な特定のターゲットとなる

対象群（たとえば若い男性など）への調査によく適している。調査においてデータは電子媒体で収集されるため，コーディング（coding）やデータ入力のコストが事実上かからない。とはいうものの，この方法を使うには，調査の設計とプログラムに時間とスキルが必要なこと，標本のメールアドレスを把握する必要性，そして人々が皆，ネット接続したコンピュータを利用できるわけではないという，高い資源コストの点から問題点がある。しかしながら，インターネット調査は，方法組合せアプローチ（より深い議論は章の後半でなされる）のひとつとして考えられるだろう。例えば，地域の図書館は，あなたの質問紙のオンライン版へのアクセスを提供できるかもしれないし，図書館利用者に館内のコンピュータを使って回答するよう呼びかけられるかもしれない。

　より一般的には，自記式質問紙には主に三つの問題がある。ひとつは，人々が回答するためには，質問紙の言語についてある程度読解力がないといけないことである。ふたつ目の問題は，自記式質問紙は，比較的少ない数の「チェックボックス式」の質問で実施してこそ最大の効果が発揮できることである。このことは，あなたがより「開かれた」質問をしたい場合，または回答者により熟考した回答を求めたい場合には問題となるだろう。三つ目の弱点は，この方法は「回答率」（response rates）がかなり低くなる傾向があることである。換言すれば，質問紙を受け取って，回答し返送する者の割合が低くなるであろう。加えて，ある一群の人々がこの種の質問に答えることに乗り気がしないため，「回収標本」（質問紙に回答し返送する者）が，母集団を代表していないかもしれない。さらに，回収率の低さは，調査結果を歪めるバイアスをもたらす可能性がある。これは，コミュニティ内に，非常に脆弱であったり，不利益を受けたり，疎外された人々，つまり最も質問紙を返送しにくい人々がいることによる。地元調査が普通になるにつれ，人々は自らの興味関心に合っていると説得されない限り，それに時間を割くことに消極的になろう。幸いなことに，回収率を改善するためにできることがいくつかある。図7.2にその例を示す。

■面接調査

　街頭で，個別訪問で，また学校，教会やコミュニティ・センターといった公共の場で，回答者と対面して面接調査をすることができる。また，電話で面接

図 7.2　回収率を上げる方法

調査とその目的を明確にすること
- 調査の目的を明確に説明する表紙をつけること
- 調査の返却日を明示すること
- 調査は秘密保持で行われ，データは報告書では匿名化されることを強調しておくこと

質問は魅力的で回答は容易にできること
- 質問は短く，的確であること（回答に 15 分以上かからないこと）
- 回答に手助けを提供すること

質問紙の返却を容易にすること；例えば，
- 料金受取人払いで，返信先が記入された封筒を用意すること
- 質問紙回収に人を派遣すること
- 回答し返却することに賞品が当たるなどの利益を付与すること

英語を第一言語としないかなり多くの人を含むコミュニティの場合，質問を適切な言語に翻訳しておくとよい。

することも可能である。すべての面接調査は，「構造化された質問」（structured questionnaire）を用いて，それに従って，回答者にインタビューアーは直接，話しかける。この個別的接触が，プロジェクトに参加しているという感覚を高めるうえで役立つであろう。

　面接調査は，自記式質問紙法より柔軟性があり，不明確で情報を得る必要のある項目を明確にする機会を提供する。回答者と話すことは，データの解釈に有用な，彼らとコミュニティに関する補完的な情報を収集する機会を提供してくれる。面接調査は，読み書きが苦手な人や自身では質問紙に答えることに気が進まない人がいる場合，回答率の向上に役立つ。回答がコミュニティ全体を代表していることを保障するために，特定の人々をより詳しく調査する際に，この方法は役に立つであろう。

しかし，回答者が（センサスや他の二次的データで定義されているように）できるだけ一般人口を代表していることを願うなら，人口割合を考慮したクォータ（quotas）法による面接を行う必要があろう。（すなわち，ある年齢層，少数民族集団やジェンダー等におけるそれぞれの集団に属する人々の人口割合に応じた面接を行なわなければならない）。ジェンダーのような人々の特徴を見分けることはインタビュアーにとって容易であるが，年齢や雇用形態など，一見しただけでは正確に見極められないものもある。適格な人と面接することを保障するには，インタビュアーは，まず面接開始前に標準的選択質問を用いて，代表性にかなうか否かを尋ねる必要がある。これは，常に容易なことではない。というのは，人はそのようなことの詳細を聞かれることに神経質になりがちであるからである。

面接調査を巡っては，さらに三つの問題点があげられる。まず，インタビュアーの訓練費用，対面面接の旅費や電話料金を賄える資源を確保する必要があろう。第二に，インタビュアーの声の調子やボディー・ランゲージといったインタビュアーの微妙な差異に影響されて面接の受け手に，インタビュアー・バイアスを生じることがある。そして第三に，質問時間を考慮しなければならない。街頭や電話での面接では，人は数分以上の時間を費やすことを嫌がるであろう。もっとも，個別訪問ではもう少し時間を割いてくれるであろうが，質問は手短で的を得たものでなければならないであろう。

■対面面接

調査が対面面接を含む場合，さらに考慮すべき問題がある。まず，対象者がいつ在宅しているか把握が困難であり，同日にまた日をおいて何度も同じ家を訪問しなければならない。その方法や回答紙の記録の仕方は，付録2で述べられている。第二は，面接調査においては匿名性が保障されないため，回答者がためらいを覚えがちな点である。特にテーマが微妙な質問である場合である。これはインタビュアーが同じコミュニティ出身であるときや回答者が知っている人（間接的に知っている場合も）のときは，さらに深刻となろう。

■電話面接

電話調査は質問されて答えるという形から，自記式調査に似ているといえよう。しかし，多人数に早く容易に接触できる点が特に効果的である。また一般に比較的高い回答率をあげられる。調査回答者により正確に対応することができ，調査作業を簡単にモニターすることができる。しかし，調査方法として電話を用いることには三つの短所がある。まず，必要な電話番号の収集に困難をきたすであろう。多くの人が電話帳に番号を載せていないし，迷惑電話を避けるために留守番電話を用いている。携帯電話しか持っていない人や電話器自体を持っていない人もいる。一般の人を対象にした電話面接は，夕刻に行われるとしても，在宅している一定数の人を確保することは難しいであろう。そのため電話をかけ直すことがしばしば必要になるが，これには費用がかさむであろう。第二に，対面でない個別的接触の場合，面接する側とされる側とのラポートと信頼の構築が非常に困難である。また，回答者は電話で家計や政治的態度といった問題について話すことに抵抗感をいだきがちである。したがって，対面面接よりも電話面接は情報が得にくく，ほとんどの場合，深く掘り下げた面接や質的面接には向かない。第三に，人々を面接にかかわらせる難しさである。ドア口に「現にいる」（real）人よりも電話口の見えない「声」に対しては，容易にいい加減な対応に逃避することができる。電話調査のインタビュアー訓練は，かかわらせ方の技法に関して，単に参加してもらうだけでなく，電話を切らせないことにも考慮すべきである。

■面接調査の管理

すべての調査は，調査コーディネーターとなる個人や小集団を必要とする。それは，特に面接調査において重要である。というのは，コーディネーターは，単に過程をマネジメントする（適切な人を適切な時に対応させること）だけでなく，一群の人々をマネジメントする責任を有するからである。コーディネーターの有給，無給にかかわらず，彼らは重大な責任を有している。すなわち，インタビュアーが一定の基準で，かつ適切なやり方で調査を遂行すること，インタビュアーが必要な資料をもつこと，そしてインタビュアーが，リスクを避け必要な支援とマネジメントを受けられることを保障しなければならない。

第3節　観　察

　あなたが必要としている情報のすべてが，調査という手段によって収集されるわけではない。コミュニティについての詳細な情報を得るための，別の有用な方法は，観察—見て，聴いて，体系的な方法で記録すること—である。地理的な区分のコミュニティの物理的側面の情報は，観察を通して収集することができる。これには，土地の利用，住環境，道路の利用，コミュニティ内で利用できる店やサービスなどが含まれるだろう。また公共の場における人々の行動を観察することで，人々が日常生活でコミュニティをどのように経験しているのか，そしてどのような困難に直面しているのかについて，洞察が得られるであろう。例えば，人々が行き来する場所や，子どもたちの遊び場や，若者のたまり場などの観察が望ましい。また，例えば，地域のグループ・ミーティングや，親子グループや高齢者の昼食会など，インフォーマルな形で人々が集まる場所において，コミュニティ・メンバーが，互いにどのように交流しているのかに関して洞察を得るため観察法を用いることもできる。地域グループの会合や，特定のテーマについて開かれる公開ミーティングを観察することは，コミュニティ・メンバーの日々の関心事について，有益な情報を与えてくれるだろう。

　コミュニティに諸サービスが行きわたる過程の情報についても，観察から得ることができる。住宅相談所において人々はどのくらい順番を待たなければならないのか？若者や障がいのある人が，地元の商店でどのような扱いを受けているのか？清掃業者はすべてのごみを持ち去るのか？地域の図書館において，利用者が最も多いのは日中のどの時間帯か？

　この種の観察行動を通して得られた情報の多くは，統計学的な分析には馴染まないだろう。しかし，それはコミュニティにおける生活についての有用な洞察を与えてくれる。また，観察は調査が難しい人々，例えば，ホームレスや薬物乱用の若者などの情報収集を可能にしてくれる。観察することは，次のような問いに答えを与えてくれるであろう。彼らはどこへ行くのか？なぜ彼らはそれをするのか？どれだけ多くの人が関わっているのか？

　状況によっては，その性質上，地域のグループ・ミーティングのようにただ

一回しか観察できない場合もあろう。しかし，コミュニティ内で何度も観察可能なイベントもある。調査がどのような経時的変化が生じたかを明らかにするために繰り返し行うことができるのと同様に，新しい政策の実施が何らかの変化をもたらしたかどうかを見るために，観察行動を繰り返すことも可能である。自治体による犬愛護キャンペーンの実施前後におけるコミュニティで確認された野良犬数が，その一例である。

■観察の技術

　観察には基本的に二つのアプローチがある。直接観察と参与観察である。それは，観察下の人や集団へのかかわりのレベルを反映している。直接観察は，被観察者の行動に影響を与えることなく，コミュニティを観察することができる。別の言葉で言えば，その目的は，活動に加わることなく，単にことの成り行きを見るということである。しかし，これは行うことが大変難しいであろう。地域グループのミーティングにおいて観察者の存在は，メンバー間の相互作用に影響を与えるであろう。また外部の人間は，人々の行為や行動の意味を誤解するかもしれない。例えば，教会に多くの人が集まっているのは，信仰心が高いからなのか，それとも単に近隣の人たちが集まるうえで都合がよい場所だからなのか？

　「参与観察」（participant observation）は，人々の行為や行動の意味や動機をよりよく理解する方法である。参与観察者は，起きていることをただ見るのではなく，観察している集団に関わって行く。コミュニティの参与観察を行う調査者は，単に親子グループに付き添って成り行きを見守るだけでなく，自分の子を連れて来て積極的な参加者になることもある。明らかに，この種のかかわりは，調査者が観察しようとする集団の信頼を得るために，かなり時間をかける必要がある。また，調査者が観察を試みようとする対象に巻き込まれ過ぎる危険性もあろう。密なかかわりを有している人たちが当然と思っていることを観察するうえで，外部者は都合の良い位置にいる。参与的観察者は，かかわりが強くなりがちなため，出来事と人間関係を客観的に記録することが非常に難しくなる。

　さらに観察法で考えねばならないことは，観察者の露出のレベルである。つ

まり，姿を見せて観察するのか，それとも姿を隠して観察するのかの選択である。前者の場合，観察者は自己の存在と調査の目的を説明するであろうし，後者の場合，観察される人たちは観察されていることに気がつかないであろう。既に述べたように，観察される人は観察者の存在に気づくか気づかないかによって，その行動を変えたり，影響を受ける場合がある。例えば，道路のそばで車のスピードを記録している警官を見かければ，ドライバーはスピードを落とすという効果がある。このことは，隠れた観察の必要性を示唆するものといえるが，それでは適当な時にノートが取れないといった実施上の困難が伴う。より重要なことは，無視できない倫理的問題があることである。すなわち，守秘義務の問題や身分を伏せることによって人々の信頼を損なうことである。

　用いる観察技術がどうあれ，客観性を保つこと，観察したことを正直に記録するよう努めることが重要である。われわれは，常に周りのことや相互関係を見て，経験している。しかし，このことはわれわれが，起きていることを全て客観的に観察していることを意味しない。通常，われわれは，感覚によって大脳にもたらされる情報の膨大な束を，高度に選択的に同定し読み替えている。この非構造的な方法によるコミュニティの観察は，他の方法を用いた以上の価値ある情報や印象を与えてくれるだろう。しかし，その際あなたがどのような潜在意識的選択を行っているのか，何を見落としているかを理解しておく必要がある。それゆえ，構造的観察法をとる場合，あらかじめ観察したいことを決め，一連の分類のもと，その分類に応じた観察を記録することが有益であろう。

　これまで，コミュニティを観察する際の様々な方法を示してきた。ノートパッドやペンを持って街角に立つ方法，コミュニティ・センターで一日過ごす方法，地域の社交クラブに参加する方法，木曜日の朝，郵便局前の行列に並んでみる方法である。観察には，観察している事柄を客観的に記録する測定道具や技術を用いる方法もある。また，コミュニティ・プロファイルを行う上で有用である他の多くの方法がある。それらは，図7.3 に示されている。

第4節　綿密なデータの収集

綿密なデータを収集するのが目的である場合，一連の利用可能な技術がある。

第7章 新しい情報の収集 *105*

図7.3 観察技術

〈ビデオの利用〉

　ビデオカメラを持ってコミュニティを歩くことは，コミュニティについての人々の意見や見解を述べやすくさせるであろう。また，出来事の発生時にそれを視覚的に把握できよう。野良犬の群れ，不適切な場所での子どもたちの遊び，交通量の多い道路を横断する人々や反社会的行動のフィルムは，コミュニティ・プロファイルに重みと精気を与えるであろうし，フォーカス・グループやワークショップのディスカッションに用いられる。また，人々がアイデアや意見を交換することを支援するために，適切な場所でビデオ日誌を開設することもできよう。ちょっとした知識や技術によって，人々の意見や出来事を，よりインパクトのある視覚的記録としてDVD上に作り出すために，編集することができよう。もっとも，よき記録作りには多大の時間を要するであろうが。

〈ストリート・マップの使用〉

　1970年代，コミュニティワーカーたちによって，コミュニティの重要課題を理解するのに役立つ，ある技法が考案された。調査者は，混雑した通りに立ち，困っているか道に迷ったかのような様子で，手に地図を持ち，通り過ぎる人に話しかけるのである。これにより，その地域，環境や住民に関して，多くの興味深い議論が導かれ，形式的方法では容易に得られない洞察がもたらされた。

〈コミュニティ散歩〉

　コミュニティ散歩は，コミュニティを知る上で役立つ方法である。プロファイル参加者は，彼らが見たものをノートに取ったり議論したりしながら歩いて回ることを望むだろう。このことは，多くのメリットをもたらす。すなわち，より鮮明なコミュニティの像が浮かび上がること，問題点がよりはっきりと前後の文脈の中で明らかになること，さらなる調査へのアイデアと機会がおのずと現れてくることである。他の利点として，地元の人々との出会いは，プロファイルを行う目的を説明する機会となるだろう。

> 〈観測・記録用の機器の使用〉
>
> 　観察を客観的に計測したり，記録したりすることを支援する多くの機器がある。下記のリストに追加していただきたい。
> • 記録：デジタルカメラ，ビデオ，テープレコーダー
> • 計測：湿度計，温度計，音量計，万歩計，地図と定規，ストップウォッチ，自動カウンター，汚染された水や土壌その他の化学的分析機器

それは，日常会話をモデルにしたものであるが，他の考察と同様に，明示的，非明示的なルールをもっている。回答者は，質問に答えることや，あらかじめ定められた話題をめぐる議論に参加する。その議論は，個別面接，「口頭証言」（oral testimony）やグループ・ディスカッションによって行われるであろう。

■個別的な綿密面接

　綿密面接は，インタビュアーと回答者からなる。その対話方法は，構造化されているであろうが，その目的は，回答者にある話題について深い話をする機会を提供することにある。構造化された面接は，あらかじめ用意され標準化された質問に基づいており，インタビュアーはそれを用いて回答者にかかわる。この方法の長所は，同じ質問で答えを聞くので，他の人の答えと比較することが容易な点にある。短所としては，かなり堅苦しい会話に陥りやすいので，他のやり方よりもあまり有益な情報が得にくいことがあげられる。

　半構造化面接では，あらかじめ定式化された論点を厳密に言語化することはせず，ディスカッションの俎上に載せたい質問や論点をチェックリストにしたものを基盤にする。この方法の長所は，一般によりインフォーマルな対話にもちこめるところにある。つまり，回答者がより積極的にかかわるようになるという意味である。しかし，標準化された形式を持っていないので，情報を分析することがより難しくなる。

　面接調査を行う上で取り上げた問題の多くは，綿密面接を行う際にも当てはまるであろう。それは，人々と面接を行う人にとってかなりの訓練が必要であるという意味において，資源集約的である。さらに，深い質問や質的質問を多

く含む面接から得られた回答は，コード化や分析することが難しいであろう。さらに，この種の方法に特に関係する三つの実践的問題があり，綿密面接をする前に考慮する必要がある。まず，半構造化面接は長くなるきらいがある。そのため，面接を受ける人にあらかじめそのことを知らせ，時間的余裕をもってもらうことが重要である。面接を受ける人にあらかじめ接触し，必要な時間を取れるように調整するのが望ましい。第二に，半構造化面接は，対話型の面接により近いため，インタビュアーは補足質問を適切に行えるように，議論の内容について自信と知識を持っていなければならない。このことは，特に専門職やサービス提供者に面接する際に重要である。第三に，その性質上，半構造化面接は，空欄にチェックを入れる式の記録方法とは相いれない。従って，インタビュアーは，面接中にメモを取ることや面接を録音することも必要となろう。面接者は，回答者の言ったことを忘れないように，メモや録音した後，できるだけ速やかに事後記録を書き上げなければならない。インタビュアーは，最初にその面接を録音することの同意を回答者から取り付けておく必要がある。

■口頭証言

　個別的面接の他の方法として，口頭証言やライフ・ヒストリーが知られている。全てのコミュニティにおいて，紙に記されたことのない豊かな知識の宝庫がある。家族は，同一のコミュニティで世代を重ねて暮らしてきたであろう。その中で彼らは生活している地域について，重要な知識や洞察を積み重ねてきたであろう。口述記録は，コミュニティにおけるそのような経験や見方に関する洞察を得るためにとても有益な技術である。それは，そのままでは隠されたままになっているかもしれない人々の暮らしやコミュニティの諸側面を明らかにするであろう。また，口頭証言は，他の方法では聞き取りが難しい政治的，社会的に微妙な話題に取り組むうえで役立つであろう。そしてその成果は，他の方法で得られた結果と突き合わせることによって，より有益になるであろう。この方法は，国内外において，家族や地域生活の変容を探求する郷土史家によって大いに用いられてきた。口述記録は，記録しなければ跡形もなく消えてしまうであろう生活のある側面の詳細を把握するほとんど唯一の方法である。それは，コミュニティに歴史的文脈を与えるために古き時代を回顧する人々の経

図7.4 口頭証言の例

〈King's Cross オーラル・ヒストリー（口述歴史）プロジェクト〉

　口述記録で成功した例として，London の King's Cross 地区の声・口述歴史プロジェクトがある。このプロジェクトは，King's Cross・コミュニティ・デベロップメント・トラスト（KCCDT）によって管理運営されている。プロジェクトでは，King's Cross 地区住民の記憶やユニークな生活経験を記録するためにコミュニティ・メンバーや地域パートナーと共に活動する。彼らは，口述歴史は，そのコミュニティの近年の様子について理解を形成する上で決定的なツールであり，その方法は，King's Cross 地区のコミュニティの多様な性格の隠れた背景を明らかにし，共有するのにうってつけのものであるという信念を持っている。

出典：www.kingscrossvoices.org.uk/default.asp

験に光を当てる。そして，それはコミュニティを理解する上で，ギャップを埋め，不明確なポイントを説明するのに役立つ（例えば，図7.4 参照）。

　必要なものは，テープレコーダーと興味深い話を語ってくれる人ですべてである。口述記録には，調査者主導と話者主導のやり方がある。調査者主導の方法では，そのプロジェクトにとって最も重要だと思われる話題に話者を向けるために，それを促す一連の質問を持つ。これに対し話者主導の方法では，話を区切らず，開かれた非構造的な方法でライフ・ヒストリーやコミュニティの記憶を話者に語ってもらうものである。口述記録は，豊かで興味深いデータを提供してくれるが，その一方で非常に時間を取られる方法である。人は，最初よりも二回，三回と会う機会を重ねるごとにより心を開いてくれるようになることが多く，ひとりの話者の口述を集めるためには，数回の訪問が欠かせない。また，口述やその他慎重に扱うべきデータをどのように保管するかについても，最初から決めておくことが重要である。口述記録は，大変個人的で慎重に扱うべき情報を含んでいるため，他のすべてのデータと同様に調査者だけがアクセスできるようにし，安全に管理しなければならない。

■グループ・ディスカッション

　コミュニティ・プロファイルは，全体的，部分的に，個人だけでなくコミュニティ全体にかかわる問題を取り上げることも多い。そのため，情報を収集するために，グループ・ディスカッションやグループ面接を用いたより集合的なアプローチを取りたくなるかもしれない。グループで議論すると，それまでは漠然としていた考えが整理され明確になり，また問題の理解が他者の話によって深まり，新しい考えや課題が浮かんでくるであろう。

　グループ・ディスカッションを行うには，個別的面接とはかなり異なった方法やスキルが必要である。まず，適切なグループを作り上げねばならない。コミュニティ・グループやボランタリー・グループを招き代表者を送ってもらうよう依頼したり，特定の街区やコミュニティにサービスを提供している組織から人を招き，グループ・ディスカッションの場を作る。一般に，グループは，主導したり，記録を取るファシリテーターふたりと，7，8人を超えないメンバーから構成されるべきである。

　グループは，堅苦しくなく心地よい場に集い，ミーティングは一時間から一時間半の予定で開かれよう。ファシリテーターの役割は，ディスカッションのテーマを紹介し，できるだけ多くの人の参加を促し，議論を特定の人が支配したり，他者を威圧するのを防ぐことである。それには特定のスキルが必要であり，この役割を担う人として，グループワーク経験のある人を探し出すのが良い。もうひとりのファシリテーターは，ミーティングの記録を行う。記録には，ミーティングの日と場所，参加者の詳細，ディスカッションの論点が含まれる。半構造化面接では，グループ・メンバーの同意を得られれば，テープレコーダーが役に立つだろう。ファシリテーターの観察を含むミーティングの詳細な記録は，ミーティング後，できるだけ速やかに書き上げねばならない。

　グループ・ディスカッションの欠点は，第一に，それが質的な方法で問題，意見，態度を探索するように設計されているため，量的データをそこから得ることができないことである。第二に，グループ・ディスカッションは，多くの情報を生み出すことができるだろうが，それらの情報を統合したり，分析することは難しいであろう。第三に，ディスカッション・グループは，比較的小規模であることから，メンバーがそのコミュニティを代表としているとは必ずし

も言えないことである。従って，グループ・ディスカッションだけから，その
コミュニティ全体に関することを一般化することはできない。最後に，効果的
にグループ・ディスカッションを指揮するためには，多くのファシリテーショ
ン・スキルが必要である。

第5節　方法の組み合わせ

　第5章で示唆されたように，長所を最大化し短所を最小にするため，これら
の方法のひとつだけを用いるよりも，多様な方法を組み合わせて用いることが
考えられる。いかなる方法もそれひとつでは，部分的な絵しか示せないという
ことを覚えておくことが大切である。従って，できる限りひとつ以上の方法を
採用することが有益である。互いに補完し合い，コミュニティのより全体的な
絵を描くように方法を組み合わせるのである。また，ある人々は特定の方法だ
けを好むので，混合アプローチを採用すれば，参加者数を増やすことに役立つ
であろう。例えば，郵送調査を好む人もいれば，電話調査やインターネット調
査にだけ興味を示す人もいる。

　そこで，例えば次のようなことができよう。基礎的な量的データを得るため
に，かなり短めの郵送質問紙を用いる。特に興味を抱く特定の集団に個別的面
接を試みる。初期の段階で明らかになったことをより深く議論する一連のグル
ープ・ディスカッションの場を設定し，行動の優先順位をつける。また，コミ
ュニティのより広い課題発見に役立つように，まず観察や半構造的面接をキ
ー・ワーカーやコミュニティの活動家に対して行う。その後，人々の特徴と，
課題への関心をより明らかにするであろう慎重に構造化されたサンプルに対す
る調査を行う。その調査から，幾つかの主要課題が見えてくるであろう。そこ
から，一連のグループ・ディスカッションによって，さらに精緻化する必要が
出てくるだろう。図7.5は，混合アプローチの一例を事例研究として提示して
いる。

　また，一次的データを収集する方法は，前章で述べられているように，二次
的情報を収集する方法と結びつけることができよう。図7.6は，そのアプロー
チの例を提供している。

第7章 新しい情報の収集　*111*

図 7.5　事例研究

　事例研究は，多様な調査方法を駆使しなければならない幅広い現象のある一例に対する綿密な考察である。例えば，あるコミュニティの調査が，そのコミュニティの高齢者が経験する特徴的な問題として孤独を明らかにしたとしよう。あなたは，その問題に光を当てるために事例研究を用いることができるだろう。そこには，社会的接触と孤独の問題に焦点化した，ひとりかそれ以上の高齢者への綿密な面接が含まれよう。また，それには，保健や福祉に対する社会的孤独の意味を議論するために，一般医（GP）やソーシャルワーカーと面接することが含まれよう。さらに，その問題がどのように取り組まれているかについて，その取り組みに相応しいグループとの議論もあるだろう。

　事例研究は，当初の問題認識を超えたものを調査者にもたらし，それらがコミュニティの人々にとって意味することを丁寧に明らかにする。事例研究はまた，コミュニティ・プロファイルに色どりと命を加えるものである。

図 7.6　サービス利用者研究

　サービス利用者研究は，多種多様なデータ収集の技法を活用することができるコミュニティ・プロファイルの構成要素である。例えば，コミュニティ・センターの利用状況について調べようとする場合，委員会議事録，広報紙や年次報告，そして収益の記録といった既存の情報から調査を開始するだろう。続いて，コミュニティ・センターの利用者への調査や職員や委員会委員，利用者グループのリーダーへの面接調査を実施することができる。また，問題点や可能性や論点を明らかにするために，既存の利用者グループとのグループ・ディスカッションを求めるかもしれない。センターの典型的な一日の中で実際に起きていることを記録するため，観察の技法も用いることができるだろう。例えば，人々がセンター内のある場所で過ごす時間の長さや，彼らが利用する施設，接触する人々について記録することである。

第6節　主要項目のまとめ

　情報は，その形態が，統計，意見，信条，伝統，絵画，はては詩であっても，コミュニティ・プロファイルの基盤である。情報の質は，それが提示される方法と相まって，人々がプロファイルを，興味深いもの，的を射たもの，役に立つもの，衝撃的なもの，あるいは単に参考になる情報と見なすか否かは別にして，多くの部分でそういったことの決め手となるものである。それゆえ，何の情報を必要としているのか，どのようにして収集されるべきかについて，熟考しなければならない。

　第5章および第6章を基盤として，本章ではコミュニティ・プロファイルに関する一次的情報収集のための，諸技術について述べてきた。さらに，次のように提案する。可能な限り多種多様な方法を活用することが良策であり，そうすることで，最終的にコミュニティ，サービスと資源およびニーズに関する多様で補完的な情報を手にすることができる。このような情報は，多種多様な方法で収集可能であるが，主たる方法は，調査法，観察法，そして綿密データ収集法である。どの方法を使うか決定する際には，以下のことについて，よく理解しておくことが大切である。すなわち，何についての情報がなぜ求められているのか，方法の選択に影響を与えるであろう実践的な問題を考慮すること，何をマネジメントするかについて現実的であるべきである。

第8章 情報の解析

　プロジェクトで実地調査やデータ収集の段階が完了したら，次の段階に移る。すなわち，収集したデータの意味付けや「データ解析」（data analysis）である。アンケート調査の回答結果，面接の記録や写真から有用な情報を引き出すには，数々の過程を経なければならない。それらの過程は，順に，データの準備，保存，解析，および提示となる。データを手作業で分類，保存，および解析するのか，あるいはコンピュータを使ってそれらの作業を行うのかに関係なく，また得られたデータが主に量的なものであるのか，質的なものであるのかに関係なく，これらの過程を踏むことが必要不可欠である。

　データの準備と解析は，すべてのデータを収集し終える前に開始してもよいであろう。解析を並行して行えば，より的確にデータの収集が行えるようになったり，より適切な質問を投げかけるようになったりするであろう。また，データ解析の方法が，データ収集の方法に影響をもたらすこともある。そのため，資料を集める前に，本章をよく読み，自分が得た資料を照合して解析する過程について熟考しておくことが大切である。

　本章では，最初にデータ解析に関して利用できるいくつかの選択肢について検証する。最初に量的データを，次に質的データを準備，保存，解析，および提示する過程について紹介する。最後に，コンピュータを使用したデータの取り扱いについて論じる。本章を読めば，統計学的な技術について詳しい知識を持っていなくても，コミュニティ・プロファイリングで得たデータを使いこなす際に必要な基礎知識を得ることができるであろう。

第1節　データ解析の方法の検証

　コミュニティ・プロファイルには，通常，様々な情報源から引き出された幅広い資料が含まれている。データ収集の段階が完了すると，手書きのメモ，ア

ンケート回答紙，写真，議事録，レポート，録音テープ，地図，図面など，山積みになった多種多様な資料を目の当たりにする。これらは，様々な方法で解析することができるであろうが，どのような方法でも，基本的には資料を準備し，何らかの方法で保存し，その後で適切な形式で提示するということに変わりはない（図8.1参照）。

本書の以下の各節では，最初に量的データの，次に質的データの準備と解析の過程について考察するが，両者の違いは必ずしも明確ではない。（量的データのように）数値を使用した方が，データをより正確に示すことができそうであるが，（質的データのように）言葉を使った方が，内容をより詳細に説明することもできよう。しかし，いずれか一方だけでは，全体像を十分に示すことはできない。そのため，アンケート調査は，通常，閉じた質問と「開いた質問」（後者は質的な解析が必要となる）の両者から構成されている。面接で得た情報は，被面接者のうち特定の考えを持った者，あるいは他の属性を共通して持った者の人数（数量）を特定することで解析される。

質的な情報であれ，量的な情報であれ，保存と解析は，手作業でも，コンピュータを使用しても行うことが可能である。どの方法を採用するか決めるときは，調査の規模，質問の種類，必要な解析の種類，使用できる設備，およびプロジェクト・グループが保有しているスキルといったことを考慮する必要がある。これらの事項については，プロジェクトを開始する際，そして言うまでもなくアンケートを作成するときに検討しているはずである（第6章参照）。計画の策定段階で必要な決定をしておかないと，後で問題が生じることがある。例えば，とても大規模なサンプルを対象に膨大なアンケートを行った場合，コンピュータなしに情報を解析することは，実質的に不可能となろう。事前にそのことを考慮しておかないと，アンケートの結果が山積し，それらを効果的に解析する術がわからずに途方に暮れることになる。

コンピュータを使用して解析を行うには，言うまでもなくコンピュータ，ならびに適切なソフトウエアとそれらを使いこなすためのスキルを持った人材が必要となる。調査を実施する際，コンピュータ・パッケージは，極めてよくできたツールとなってきているが，機能性，複雑さ，精巧さの面で多様性に富んでいるため，予算と分野に適したものを慎重に選ぶ必要があろう。

図 8.1　データから情報へ：過程

	手作業による解析	コンピュータ解析
準備	• データを編集し，符号化する • データの集計シートを作成する	• データを編集し，符号化する • データ入力書式を立ち上げる
保存	• アンケートで得たデータを集計 　シートに要約する • データを確認する	• アンケートで得たデータを入力 　する • データを解析パッケージにイン 　ポートする • データを確認して整理する
分析	• 必要とされる解析を行う	• 必要とされる解析を行う
提示	• 表，グラフなどの形式で結果情 　報を作成する	• 表，グラフなどの形式で出力情 　報を作成する

　本章の後の部分で，検討の対象になりそうな幾つかのコンピュータ・パッケージについて簡単に考察する。サンプル・データを使って，少なくともあるひとつのコンピュータ・パッケージの利用を試みることを推奨する。調査の技術について書かれた良質の書籍であれば通常，コンピュータの利用方法が詳しく説明されており，パッケージであれば詳細なマニュアルが付属しているため，ここでは過程の概説にとどめる。

　手作業による解析に必要なのは人手，時間，筆記用具，および計算機で，これら以外にほとんど何も要らない。一般的に，手作業による解析は，調査の規模が極めて小さく，質的データ（後の節を参照）を対象としている場合にのみ適している。しかし，多く場合，コミュニティ・プロファイリングの規模は小さく，生データを直接取り扱ったほうが得策であるため，手作業によるデータ解析のプロセスの詳細についてさらに詳しく解説する。

第 2 節　量的データ

■データの準備

　住民調査などのフィールドワークを遂行し，統計上の一連の二次的情報を把握したら，それらを集計して分類する。そして取得した情報の内容，情報の形

式，情報源，情報の習得方法と取得時期を一覧表にまとめる。その後，次の段階，すなわち解析のためにデータの準備に進む。この作業は，特にある種の調査方法で収集されたデータにとって重要である。このデータ解析を手作業であろうとコンピュータであろうとそれを行う場合，まず回答されたアンケート用紙を準備する必要がある。その際，「編集」（editing）と「符号化」（coding）を行うことで，手作業のためのデータ集計作業と，コンピュータへの入力作業を迅速化することができるだけでなく，エラーの発生を抑えることができる。

　編集過程では，回収されたすべてのアンケート結果を確認し，明らかな誤り（例えば，質問内容を誤解して回答している）がないことを保証するために，すべての回収されたアンケート用紙をチェックする必要がある。適切な質問に対して回答されていることを確認する必要がある。自己記入式アンケートを行った場合やフィルタリング質問を数多く行った場合は，ミス，誤解，あるいは誤った回答が生じる可能性が高いので，このことが特に重要となる。

　編集過程完了時において，質問の回答内容が明らかになっているので，多様な回答に対する一貫性のあるアプローチ方法を取り決めて，遺漏がないようにすべきである。この時点で符号化を開始することができる。編集と符号化の過程を組み合わせることも可能である。しかし，これによって符号化の速度が低下する可能性がある。

　「符号化」とは，統計的解析を行うために，数値によらない回答（自由回答式の質問など）に対して数値符号を割り当てる作業をいう。この作業を行うには，符号化フレームが必要となる。これは，基本的に，各質問に対して可能な回答，ならびにそれらに対応する数値の一覧である。符号は，相互に重複しない。符号化フレームを作成するためのひとつの方法として，回収されたアンケート結果の10％をサンプルとして採用し，各質問に対する回答の範囲をチェックする。次に，それらを適切に一覧で示すかグループ化して，数値を割り当てる。アンケートに「閉じられ質問」が数多く含まれている場合，回答が大部分明らかなので，この作業を容易に行える。しかし，「あなたのコミュニティで，他にどのようなサービスや施設が供給されるのを希望しますか？」といった自由回答式の質問が存在するときは，回収されたアンケート結果のサンプル

から回答の一覧を抽出し，それに適切な符号を割り当てる必要がある。すべて
に符号を割り当てなければならないため，「その他」に対する符号も含めるべ
きである。一方，そこに含まれる回答の数を最小限に抑える必要がある。符号
化フレームを指針として使用して，アンケートの符号化を行う者は，符号化が
きっちり行われていることを確認しながら，各回答に符号数値を順にふってい
かねばならないであろう。

■データの保存

　編集と符号化が完了したら，データを解析できる方法で保存しなければなら
ない。この作業も手作業もしくは，コンピュータを用いて行うことができる。
手作業でデータを解析するのであれば，データの意味を把握し，一定の質問に
答えられる方法で，すべての質問の回答を記録しなければならないであろう。
この作業では，すべての質問内容を読み，回答内容を集計シートに記録する。
質問が閉じた質問であれば各回答の合計数を出し，自由回答式の質問であれば
回答内容を集計シートに記入する。図8.2に，符号がふられた（コード化され
た）質問を例示する。また，集計シートを利用して，その情報を手作業で記録
する方法を表8.3に示す。

　表8.3に例示する集計シートでは，各回答者に固有の番号が与えられる（最
初の欄を参照）。その番号が質問ごとに明記され，次のふたつの目的を果たす。
まず，番号が付けられることで，回答と質問を照合できる。この作業は，デー
タの不整合性を見つける上で大切である。また，それは解析のために用いられ
よう。例では，次の三つの部分からなる回答者番号を作成する。すなわち，回
答者の識別番号，回答者の性別記録，そして年齢符号である。集計シートの情
報を利用すれば，どのくらいの男性や女性が，どのサービスに満足しているか，
どの年齢層の人たちが，他の年齢層の人たちと比較して，満足や不満を表明す
る傾向があるかを比較的容易に知ることができる。

　数字による符号割り当てができない自由回答式の質問への回答の場合，この
方法で集計を行うのは難しいといえよう。自由回答式の質問への回答が，長く
非常に多様性に富む場合，最善の方法は，回答者の性別，年齢，雇用形態など
の性質に従って，分類した書面に回答内容をすべて書き込んでいくことである。

図 8.2　調査のための質問例

1. あなたの地域で，さらなるサービス提供されることを望みますか？（該当する番号を○で囲んでください）

　　　　　はい　　1
　　　　　いいえ　2

2. あなたが，これまでに以下のサービスを利用したことがある場合，どの程度満足しましたか？（各行ごとに該当する回答を○で囲んでください）

在宅介護	とても満足	満足	不満	とても不満	わからない
ソーシャル・ワーカー	とても満足	満足	不満	とても不満	わからない
デイ・センター	とても満足	満足	不満	とても不満	わからない

3. 現在の住所に何年住んでいますか？（該当する年数を○で囲んでください）

　　0～10年，11～20年，21～30年，31～40年，41～50年，51～60年，61～70年，71～80年

4. 前回の誕生日で何歳になりましたか？（下記に記入してください）

5. お住まいの地域で，他にどのようなサービスや施設があったらいいと思いますか？（具体的に記入してください）

　コンピュータを使って解析を行うのであれば，様々な方法でデータを保存することが可能である。独自のデータ入力モジュールを備えた統合パッケージを使用してもいいし，数多くあるデータ入力パッケージを使用して，コンピュータに回答を入力することもできよう。これらは，数値データを入力するために

第 8 章　情報の解析　　*119*

表 8.3　手作業で作成したデータ集計シート例

回答者	質問 1 1　　2	質問 2 1 2 3 4 5	質問 3 1 2 3 4 5 6 7	
01/M/3	1	1	1	
02/F/4	1	1	1	

設計されたソフトウエア・パッケージである。別の方法として，データをデータベースやスプレッドシート・パッケージに入力する方法がある。(データの保存と解析におけるコンピュータの使用については，後の節を参照)。

　データを入力したら，それが意味のあるものかどうかをチェックするために，一連の「度数」(frequencies) を作成するのがよいであろう。本来はあるはずのない数値や変数が存在するときは，当初のアンケート内容を確認したり，データ入力パッケージの中でデータを変更することになろう。正確に入力されているのを確認するために，サンプルを用いて当初のアンケート内容と照合してみるのがよいであろう。回答数がそれほど多くないのであれば，サンプルは 10% 程度とするべきである。

■**データの解析**

　符号化した形式で集計シート，もしくはコンピュータ・ファイルにデータを保存したら，解析を行うことができる。基本的にデータ解析とは，特定の問いに答えるためにデータに当たることを意味する。量的データを使えば，最も重要であると思う事項について，以下の問いを行うことができよう。すなわち，その事項は，どのくらいの数や割合で起きているか？　さらに，変数間や情報間の関係性に関する問いもできよう。どのような種類の解析を行うのか決める際，主にふたつの課題について検討する必要があるだろう。すなわち，答えを得たい質問は何か？　同時に検討したい変数はどれくらいあるのか？

　コミュニティ・プロファイルでは，データに関して問いかけたい特定の問いが複数ある。最も基本的な情報は，調査の個々の質問に回答を寄せた人の人数と割合 (%) である。これらは度数と呼ばれる (以下参照)。さらに，年齢，

性別，民族，雇用形態別の各集団別の回答について問いたいであろう。こうした基本情報の他に，解析を行う上で取り組むべき課題がないか考える必要がある。例えば，特定の現象に関する仮説を検証してみたいであろう。高齢者の方が，他の人たちより犯罪や身の安全について関心が高いことは，本当なのか確かめたいと思うかも知れない。この場合，コンピュータや適切なソフトウエアを使いこなすことができるのであれば，その問題を解析する能力は飛躍的に向上するであろう。

　取り組むべき主要課題のひとつが，解析する上で必要な変数の数はどのくらいかということである。男性および女性の回答者の人数を数えて，その情報を数値化したり，あるいは割合（％）として提示する作業を単変量解析という。また，性別と資格といったふたつの変数間の関係にも目を向けたいと考えるかも知れない。これは，二変量解析と呼ばれ，例えば，女性の回答者の33％が，正式な資格を有していないといった結果を導き出すことができる。さらに，三つ以上の変数間の関係性にも目を向けたいと考えることもある。これは多変量解析と呼ばれ，この方法を用いることで，例えば，「資格を有していない女性の90％の年間所得が，5,000ポンド未満であった」といった結果を導き出すことができる。組み込む変数の量が多ければ多いほど，解析作業は複雑化する。そのため，当該プロファイルの目的や目標にとって，どの水準の解析が妥当であるのか判断することが重要である。（付録2は，様々な種類の解析について紹介している）。

■データの提示

　統計データは，説明，納得，および理解することが，とても困難なことが多い。しかし，データをより理解しやすく提示する方法は，数多く存在する。「量的な情報を伝達するときは，『明確に思考する』（THINK CLEARY）ことが鉄則となる。データの意味を正確に把握していれば，メッセージを効果的に伝えることは，難しくないはずである」（Chapman 1986：20）。別の言い方をすれば，統計情報を他者に伝えるには，その情報が持つ意味を理解し，何が重要で，何がそうでないかを把握しておく必要がある。量的な情報を提示するには，主に三つの手段がある。すなわち，表，グラフや図式および言葉である。

これらのうちどれを利用するかは，あなたが伝えようとする情報の種類による。Chapman は，「表は数値を伝える際の最善の方法で，図は質的な関係性を伝える際の最善の方法で，言葉は行為の意味合いを伝える際の最善の方法である」と述べている（Chapman 1986：11）。表は，本質的に，数値による情報，あるいは統計情報を集計するためのひとつの方法である。しかし，報告書に表がたくさん含まれていると，それを読むのを途中で断念してしまう人たちもいる。このため，表を採用するときは，必要最小限のものにとどめ，明確に表示し，文中で言及されるべきである。図 8.4 に，表に関する一般的な要点を列挙する。

　図とは，グラフを用いて変数間の関係性を示す手段である。最も便利であると考えられる図式として，円グラフ，線グラフおよび棒グラフという三つの種類がある。図 8.5 に，これら三種類の図に関する要点を列挙する。

　円グラフは，特に全体を構成する下位グループの相対的な比率を示す際に便利である。例えば，図 8.6 は，現住所での居住年数の回答サンプルの割合を表

図 8.4　表に関する要点

　表が備えているべきこと：
- その表だけで解読できる十分な情報が含まれている
- 連続通し番号と適切な表題が付けられている
- 標準化された形式が用いられている
- メッセージをより明確にするために，文中で議論されている
- 慎重に選定されている（それは本当に必要なものか？）
- 数を示す際には，端数のない数字を使うこと
- 理解，ならびに暗算の助けになるよう，コラムに数字が示されている
- 最も大きいものや最も意味あるものが最初に示されるように，規模順に分類されている
- 図や節について説明したり，より明らかにするために脚注を用いる
- 一次的データでないとき，情報源について言及する
- コラムの中で数値を比較して表示する
- 長いコラムは分割し，5 つのグループに分けることが推奨される

図 8.5　図に関する要点

図が備えているべきこと：
- 番号，および適切な表題を付ける
- 情報源が議論されている
- 測定単位や測定尺度を示す
- 余りにも多くの情報を詰め込むべきではない
- 「図解的に統合されている」(graphical integrity)。すなわち，仮定された事柄を図示していること
- 読み取りやすく，解釈しやすく作られている

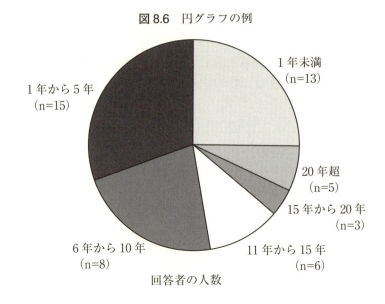

図 8.6　円グラフの例

した円グラフである。線グラフは，経時的な変化を強調する際に便利である。例えば，図 8.7 は，年間にわたる報告された犯罪の月毎の件数を示している。このグラフを見れば，犯罪件数が 7 月と 8 月に急激に減少し，9 月に再び増加していることが容易に理解できる。棒グラフは，各集団の相対的な大きさ，ならびに経時的な変化を示すことができ，さらに，複数の変数間の関係性について説明しようとする際に利用できる。例えば，図 8.8 は，回答者の人数を様々

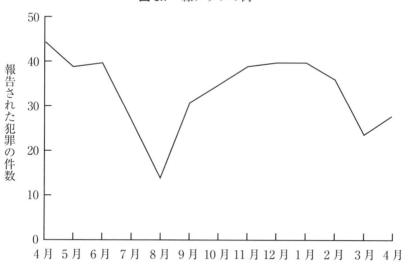

図 8.7　線グラフの例

なサービスに対する満足度別で示された棒グラフである。この図を見れば、住宅部に対して不満であるとの回答が、ソーシャル・ワーカーや一般医に対するそれよりも多かったことが一目で分かる。(次頁)

　コミュニティ・プロファイルは、表、グラフおよび図を適切に利用することでかなり質を向上させることができる。しかし、それでも報告書に解説を加えることが必要である。それらに言及し、それらを使って提示しようとしている要点に読み手の注意を向けさせ、それらから意味を引き出す必要があろう。

第3節　質的情報

　一次的な調査で綿密な面接、フォーカス・グループや公開ミーティングが行われる場合は、自己完結的なアンケートや構造的な面接の際に必要となる解析とは別の種類の解析が必要となるだろう。量的な解析と同様、質的なデータは、手作業でまたはコンピュータ・パッケージを使って解析することが可能である。質的な情報解析にコンピュータ・パッケージを利用するのは、量的なデータ解析にそれらを利用するのと比べて、あまり一般的ではない。しかし、そのよう

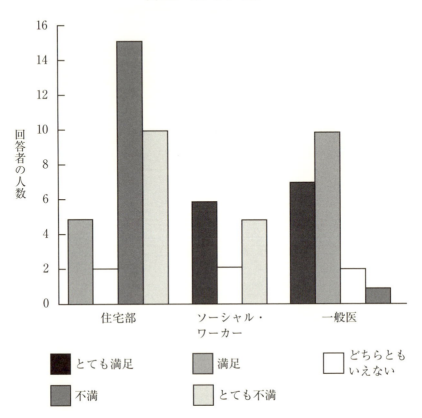

図 8.8 棒グラフの例

な選択は増えつつある。一般に，調査で大規模なサンプルを対象とした長時間にわたる半構造的な面接が行われる場合，コンピュータ・パッケージを利用することが，解析の役に立ち効果を高めることになるだろう。次節で，質的なデータ解析にコンピュータを使用するケースについて説明するが，ここでは，手作業による質的データ解析の過程について説明する。量的データの解析の場合と同様の段階を踏んで，このプロセスを遂行する必要がある。

■データの準備と保存

　コンピュータを使用しない場合，どのようにして一連の質的資料を対象にした解析を開始すべきか？　最初にやるべきことは，ふたつある。まず，資料が手書きのノートやテープ録音の場合，それらは，そのままの形で解析することができる。ワープロのソフトウエアを使って手書きの資料を入力した方が，はるかに便利である。次に，面接やグループ討論の各記録に固有番号を割り振る。

　そして資料に注釈を付ける。この作業は，報告書の余白に必要事項を書き込んだり，面接の内容を記録したコピー上に下線を引いたり，マーカーを使って表示したり，あるいはワープロ文書の該当部分を表示したりして行う。注釈は，きわめて重要だと思われる事項，主要テーマあるいは最終報告書で利用できそうな部分を強調するために行う。

　文書のコピーを一部用意したり，コピー上で色を使い分けするなどして，量的データに関する節で説明したのと同様に，特定の重要な文章を符号化することができよう。文章をマーキングするときは，様々な色を使い分けると便利である。あなたは，既に重要なテーマを思い浮かべているかも知れないし，符号付けの枠組みを考案しているかも知れない。あるいは，まず資料に目を通してそこから，符号付けの枠組みを作ろうとしているかも知れない。

■データの解析

　質的なデータに目を通し，注釈を付け符号化を行ったら，それを「分解する」（deconstructed）必要がある。この作業を行うための方法は，数多く存在する。同じテーマについて，質問を個々に取り上げることもできるし，質問をまとめて取り上げることもできる。単純な方法であるが，はさみを使い，質問，主要テーマや課題に応じて，文章情報を切り分ける。まだ内容をワープロに打ち込んでいないのであれば，コピーを取ってそれを行うようにする。個々の書面に回答者の識別番号を記しておく。そうすることで，元の情報源と照合が可能となろう。また，識別番号に属性（年齢，性別，民族など）を表す番号が含まれていないのであれば，それらの属性を書き留めておくとよい。

　このような方法でデータを整理したら，重要で関連する事項をノートし，特定のコメントが示された背景に留意しながら，すべての資料を読み進めること

ができる。そして，類似した課題やテーマをグループ分けすることで，解析を進めることが可能となる。必要なときは，それらのカテゴリーをさらに細分化することもできる。このようにして新たに生じる概念については，個別のもしくは集団面接を行って，さらにテストすることができる。概して，この作業の目的は，回答の中に特定のパターンを見出すためにデータを精査して行くことにある。

■データの提示

　主要テーマとその階層を特定し，回答パターンの説明を考察した後，その結果を提示する明確な方法を見つけ出さねばならない。質的なデータを提示するひとつの方法として，関連するテーマや課題について語られたことをまとめること，多数派の意見を示すこと，そして他の意見の概要をまとめることを通じて行うやり方がある。

　上記の分析結果の提示に当っては，他の，またそれに加えられるものとして，興味深い，典型的，代表的な課題やテーマが描かれている個人や集団のとりわけ意義深い事例を提示するという方法もある。例えば，議論の対象となっている特定の機関の行為に焦点を当てたり，ある引用文を用いて少数派の意見を示すであろう。この場合も，文脈から外れて行わないことが重要である。

　同様に重要なのが，写真やイラストのよく考えられた利用である。「あらゆる絵は物語る」（Every picture tells a story）という格言がある。それは，他のやり方ではうまく行かないことでも，一枚の写真を使うことで，伝えようとするメッセージをより的確に伝えることができることを意味している。それゆえ，写真やイラストは，（特に，人物について描写されている）文章に興味を抱かせるだけでなく，言葉や統計が成し得ないやり方で，要点を描くことができるのである。

第8章 情報の解析　*127*

第4節　コンピュータを使用したデータの解析

　調査研究や統計解析にコンピュータを利用することは，今や一般的に行われており，調査研究に関する多くの本では，手作業を前提としたデータ解析については，ほとんど触れなくなっている。調査向けソフトウエアについて検討する場合，基本的にふたつの選択肢がある。実際にそうしたソフトウエアを購入して，自分で使ってみる。あるいは，オンラインのソフトウエア・ホスティング・サイトを利用することもできる。このようなサイトでは，あなたのために誰かが詳細な準備をしてくれている。インターネット検索によって，一定の価格でこうしたサービスを提供しているサイトを捜すことができる。

　ソフトウエアを購入し，それを自分のコンピュータにインストールするのであれば，そのソフトウエアの使い方を習得しなければならず，また調査結果を入力して解析するための時間も必要となる。調査研究に使用できるソフトウエアは，数多く市販され，価格や性能も様々である。どのソフトウエアを利用するにしても，データを保存し解析する方法はほとんど同じである。

　データ入力，データ解析，およびグラフィック出力を行うソフトウエア・パッケージがあり，調査解析に必要なすべての機能を備えた統合型のパッケージもいくつか存在している。ソフトウエアを選択する際は，図8.9に示す事項について事前に検討する必要がある。もしソフトウエアに関する知識を，ほとんどあるいは全く持っていないのなら，使いやすさ，電話によるサポート体制，メニュー・システム，分かりやすく書かれた文書の存在が，適切なソフトウエアを選ぶ際に特に重要となるであろう。(次頁)

■プロファイリング専用のソフトウエア

　コミュニティ・プロファイルを行うことに特化したソフトウエアとして，代表的なものがふたつある。両者とも，データの収集，入力，および解析の各段階に利用者を導いてくれる。調査を郊外地域で行う場合は，Village Appraisalと呼ばれる統合型ソフトウエア・パッケージを使用することができる。このパッケージは，小規模な村や郊外のプロファイリングに特化して作られたものである（図8.10参照，次々頁）。都市部など他の地域用のソフトウエア・パッケ

図 8.9　ソフトウエアの選定に際して考慮すべき事項

- あなたのコンピュータ上で動作するソフトウエアか？
- データ入力や解析といった必要な課題をすべて遂行してくれるソフトウエアか？
- 使用上，さらなる機能のためにプラグのオプションが必要か？
- 個人の都合に合わせて設定を調整することが可能か？
- 必要としている種類の統計データを作成できるか？
- 所有しているデータ・セットの規模に対応できるソフトウエアであるか？
- ソフトウエアを購入するための予算はいくらか？
- 電話やオンラインによるサポート体制は整っているか？
- ユーザーにとって使いやすいソフトウエアか？
- トレーニングも兼ね備えたソフトウエアか？
- マニュアルは使いやすいか？

ージとして，Compass がある（図 8.11 を参照，次々頁）。

■統計解析ソフトウエア・パッケージ

　調査過程のある段階で，データベースおよびスプレッドシート・パッケージ（Access や Excel など）を使用することができる。これらは，データ解析において制約があるが，データ入力に際しては有用である。データ・セットの入力が完了したら，SPSS，Statgraphics，あるいは Minitab といった統計解析用のパッケージを利用することができる。さらに，価格や機能性は異なるが，考慮すべき統合型ソフトウエア・パッケージが幾つか存在する。調査研究に最も一般的に使用されているソフトウエア・パッケージは，おそらく Statistical Package for the Social Sciences（SPSS）である。SNAP もやはり，調査の解析用に設計された統合型のパッケージである。前述した専用のパッケージと同様，メニュー・システムを採用し，調査データの解析を簡単に行えるように設計されている（詳細については，付録 3 を参照）。

　さらに，質的データの解析を支援するパッケージも多様化している。これらのパッケージは，Computer Assisted Qualitative Data Analysis Software

第8章　情報の解析　*129*

図 8.10　一体型ソフトウエア・パッケージ「Village Appraisal」について

Village Appraisal は，三つの部分からなる統合型ソフトウエア・パッケージである。

1. CREATE が，ユーザーが最大で 80 の質問を選ぶことができる 400 の質問からアンケートを作成してくれる。さらに，調査対象のコミュニティに特化した質問を一定数，組み込むことができる。そして，アンケート用紙を印刷することができる。
2. DATAIN によって，ユーザーは質問への回答を入力することができる。
3. ANALYSE が，解析を実行し，その結果をグラフィック形式や表形式で印刷する。解析は，各質問の度数から成り立ち，幾つかの多変量解析も可能である。基本的報告書が作成され，これをワープロ・パッケージに入れることも可能である。

このソフトウエア・パッケージには比較的に安価であるという利点があるほか，統合型で使いやすく，時間を大きく節約できる。主な欠点として，実行可能な解析が限定的であることが挙げられる。しかし，多くの場合，作業に支障が出るほどではない。

詳細については，www.glos.ac.uk/faculties/ccru/village-appraisal/index.cfm を参照のこと。

（CAQDAS）と呼ばれているが，機能は様々である。しかし，それらは，基本的に手作業による解析について説明したときと同様の方法で機能する。最初に行うべき作業は，ワープロ・ソフトにすべてのテキストをタイプ入力することである。テキストの確認作業が完了すると，パッケージにインポートすることが可能な形式でデータが保存される。この段階で，データを印刷して，どのセクションが重要か判断する必要がある。それらのセクションは，前述したように符号化する必要がある。符号は，ソフトウエアの中に保存して操作することができる（追加，削除，統合，順序付け，および重み付け）。このプロセスが完了したら，データを解析することができる。

図 8.11　コミュニティ・プロファイリング用ソフトウエア Compass

Compass for Windows は，専門家レベルの技能は有してはいないが調査を行いたい人を支援できるように設計されたパッケージである。最初のバージョンが 1996 年に登場した Compass for Windows は，調査機関でも個人でも，これを使って地元エリアのソーシャル・オーディットやコミュニティ・プロファイルを行えるようにした統合型で利用しやすいパッケージとして，一次調査の主要要素をまとめることができる。このパッケージは，極めて高い柔軟性を誇り，理解しやすく，使いやすい設計となっている。これは，以下に示す調査過程の三つの要素で役立つようになっている。

1.　質問作成：7つのカテゴリーに分類されている，全面的に編集可能な 400以上の質問をもとに，あなた独自の質問を作成することが可能である。必要に応じて，あなたが考えた質問や面接調査者用の指示内容を無限に追加できる。アンケート用紙は，A4 の書式もしくは冊子形式で印刷することが可能である。

2.　データ処理：データを入力するための書式を個別に作成する必要はない。Compass は，回答が記入されたアンケート用紙から直接，ユーザーが入力を行える画面を自動的に表示する。

3.　データ解析：度数カウントとクロス集計表の作成，およびテキスト解析は，ボタンを押すだけで行える。解析結果は，数値，またはグラフ（円グラフや棒グラフ）で表示することができ，Windows の他のソフトウエアに直接コピーすることも可能である。

詳細については，pri@leedsmet.ac.uk

　質的解析パッケージを使用する場合，時間とコストの面で多大な投資を行う必要性が伴うことを覚悟しなければならない。それには，多大なリソースが必要なことから，面接件数が比較的に少ない調査のためにこのような投資を行う価値はないかも知れない。しかし，大規模な質的な要素を含んだプロジェクト

では，手作業による解析方法を通して行うことは困難であろう。

第5節　主要項目のまとめ

　データの解析作業は，それについて読むよりも実際に行う方が容易である。ほとんどのコミュニティ・プロファイルは，度数と「クロス集計」(cross-tabulations)，ならびに面接や集団ディスカッションからの言葉によるコメントや適切に選定された写真を使用することだけで作成することができる。手作業によるデータの解析作業は，必ずしも骨の折れる作業ではなく，時に面白く，啓発的な作業となることもある。一緒に作業をすれば楽しいひと時ともなるであろう。Compass for Windows や Village Appraisal など，統合型パッケージを使用すれば，この過程を簡潔に行うことができる。データ解析を手作業で行うか，コンピュータを使って行うか決める際，ならびにどのソフトウエア・パッケージを使用するのかを検討する際，自分が行おうとしている調査の規模，必要となる解析の具体的な内容，自分が備えている専門的な技能，および利用可能な資源について検証する必要があるであろう。

参考文献

Chapman, M. (1986) *Plain Figures*. London: HMSO.

第9章 影響の最大化

　熟慮して計画し，体系的に実施し，慎重に分析されたコミュニティ・プロファイルでも，効果的なコミュニケーションを行わない限り，ほんの少ししか影響を持ち得ないであろう。コミュニケーションとは，ある人が別の人に情報を与えること以上のものであって，少なくともある人がメッセージを伝えて，別の人がそのメッセージを受け取って理解する必要がある。その目的をまっとうするには，単に報告書を作成し配布する以上のことが求められるだろう。

　コミュニケーションは，プロファイリング過程におけるすべての要素と同様に，事前に計画しておく必要がある。コミュニティ・プロファイルによって何を達成したいか，受け手はどんな人たちか？その人たちとコミュニケーションを取る最適の方法は何か，などを考慮しなければならない。実際，最も効果的なコミュニケーションや関与戦略が，まさにプロファイリング過程の開始時から始まるのである。その例として，重要な利害関係者を主導グループやプロファイル計画に関わらせたり，過程進行中に中間報告や概況説明を絶えず知らせることがあげられる。このアプローチを採用すれば，聞き手は，調査結果を受け入れる準備ができており，当事者意識を強く感じることができるだろう。

　本章では，コミュニティ・プロファイルによって達成されるであろう影響の種類について，最初に考察する。それは，達成しようとしている影響の種類と影響を及ぼしたい受け手を決定する過程を通じて行われる。最後に，自己の望む影響を達成するために，多様な受け手に関与する幾つかの方法について考察する。コミュニケーション活動と広報活動のアイデアをまとめる方法として，表 9.1 に示されている質問が役立つであろう。

表 9.1 関与活動を計画するために

プロファイルにどのような影響を持たせたいか？	プロファイルの利用者や受け手として想定されるのは誰か？	考慮しなければいけない文脈的課題	受け手に関わる最適な方法は何か？	行　動

第1節　影響の種類

　コミュニティ・プロファイルは，他の調査と同様，様々な影響を与えることができる。まず，それは人々の「理解」（understanding）に影響を持つであろう。例えば，コミュニティ・プロファイルを実施した結果，地域の人々がその地域の人口構成について理解を深めたり，白人住民が少数民族集団の直面している課題について理解を深めたりするであろう。あるいは，ward 区議員や市職員は，住民の地域サービスに対する態度について理解を深めるであろう。

　ふたつ目の影響として，コミュニティ・プロファイルは，人々の「態度」（attitude）に影響を与えるであろう。例えば，地域に住む若者のニーズや願望についての理解が深まることにより，地域の高齢住民の若者に対する態度や姿勢に変化を及ぼすかもしれない。あるいは，コミュニティとその住民の良い面に光が当たることによって，コミュニティ・プロファイルは，過去に悪い評判やイメージがあった地域に対する他の住民の認識を変える効果を持つかもし

れない。

　より明白なのは，サービスに関して地域特有のニーズや格差に光を当てるコミュニティ・プロファイルは，資源とサービスの配分パターンを変えることで，地域の「政策」（policy）に影響を及ぼすことだろう。別の言い方をすれば，地方議会が，よりよいサービスや地域住民のニーズをより充足させるサービスの提供を決定するかもしれない。同様に，コミュニティ・プロファイルによって，地域サービスの提供方法に対する不満が明らかになれば，地域サービス提供の責任を有する地域機関や個人が，サービスがより効果的に提供できるように，提供方法を変更する後押しとなるであろう。

　コミュニティ・プロファイルの目的が「説得」（persuade）の場合もある。これは，とりわけ，財政援助を得るためにプロファイリングを行う組織にかかわっている。この場合，コミュニティ・プロファイルは，地域ニーズの性質や程度を明らかにしたり，新しいサービスや施設が地域の人々に活用されるであろうことを示すために用いられる。

　「コミュニティ・デベロップメント」（community development）の広範な過程の一環として，プロファイルが頻繁に行われることは確かである。その場合，コミュニティ・プロファイルを行う過程は，コミュニティの強みや課題への理解を深めたり，コミュニティを団結させたり，技能や能力を伸ばしたり，あるいは地域の歴史や多様性を称賛する手段として行われてきた。その場合，コミュニティ・プロファイルから得られた調査結果は，コミュニティ・デベロップメント過程を進めるコミュニティ・アクションを発展させる基礎として用いられるであろう。

第2節　どのような種類の影響を達成しようとしているのか？

　コミュニティ・プロファイルの影響を最大化する方法を計画する場合，どのような種類の影響を及ぼしたいのか決めるために，元々の目的，目標を振り返ってみる必要があろう。もちろん，様々な種類の変化を起こしたいであろうし，それらが厳密に何であるかを解明することは価値があろう。その実施方法のひとつは，コミュニティ・プロファイルの受け手を想定したり，個々の受け手に

どのような種類の影響を及ぼしたいかを検討することである。影響を及ぼしたい受け手は、プロファイリング過程（第4章参照）の初期で示された利害関係者と同一である可能性が高い。

- 地域住民—地域コミュニティ内における特に関連性の高い多様なグループについて検討する必要があるであろう
- コミュニティ組織
- 地域サービスを提供する機関。例えば、一般医、学校、地元商店、住宅組合、ボランタリー組織など
- 選出された代表者— ward 区議会議員、国会議員
- 地方議会や議会内の特定の部局
- 地域サービスを監督する機関。例えば、PCT（Primary Care Trust）や地方教育局など

　図9.2に、プロファイルの想定される受け手を決める際に、検討すべき質問がまとめられている。

　受け手となりそうな人について検討するとき、彼らとコミュニティ・プロファイルをいつ、どのようにかかわらせるかという文脈を考慮することが大切である。例えば、地方選挙の時期であれば、候補者が選挙運動の一環として取り組むことを願って、コミュニティ・プロファイルで提起された課題に対する対応を各候補者と話すのも良いだろう。逆に言えば、選挙期間中は、自治体職員と関わりを深めるには時期が悪いといえる。特に選挙前は、職員は、資源配分やサービス提供パターンの変更が必要となるような重要な決定は下さないからである。可能であれば、現在その地域で実施対象となっている課題を利用し、プロファイルの課題に関連付けるようにする。例えば、地域の犯罪率がその地域の議論の対象となっていたり、地方紙で取り上げられていたら、これをプロファイルの調査結果に引っ掛ける「きっかけ」（hook）として利用し注目を集めることができるかもしれない。すべての地方自治体区は、各区域（市、郡、州）における優先事項を提示する「コミュニティ戦略」（Community Strategy）を策定する義務がある。あなたのコミュニティが直面している課題をより広範

第9章 影響の最大化 *137*

図9.2 プロファイルの想定される受け手は？

検討すべき課題
- 影響を及ぼしたいのは，どんな個人や機関か？
- これらの個人や機関と既にどのような関係を築いているか？また，それを足掛かりとすることは可能か？
- これらの集団の間には，どんな関係性あるか？彼らは，共通性があったり，重複する興味を持っているか？
- それらの中に，利点や影響力に関して，特に重要な集団はあるか？
- 助けになりそうな「媒介」（intermediary）や「門番」（gatekeeping）の役割を担う個人や機関は存在するか？

な地域の優先事項と結びつけることで，何らかの影響力を及ぼせるかもしれない。

第3節　どのような結果提示方法が最大の影響を与えるか？

受け手と関わるためにどんな手法を用いるか検討するとき，忘れてはならない点は，プロファイルの調査結果が興味深く有益で説得力があると自分は感じていても，他人にはその論拠を納得させる必要があるということである。受け手によってコミュニケーションの形態もその反応の仕方も異なるため，プロファイルの結果提示を特定の受け手に合わせて調整する必要がある。それは，相手が確実にメッセージを受け止めるように，複数の結果提示を作り出し，同じ相手に多様な方法で関われるように考える必要があることを意味しよう。単一の方法を用いるよりも，「多元的方法」（multimethod）によって結論を伝える方が，より効果的であることが調査結果の影響に関する研究で明らかにされている。同様に，効果的なコミュニケーションは，総じて能動的で双方向である。換言すれば，ただ誰かに報告書を送って読むように求めることは，受動的で一方通行のコミュニケーションである。それに対し，ワークショップに誰かを招き，調査結果について議論し，その意味を考える機会を設けることは，能動的で双方向であり，またより効果的であろう。検討が必要な課題を図9.3にまと

138

図9.3　関与方法を決める際に考慮すべき課題

- 「直接的関与」（direct）と「間接的関与」（indirect）のどちらの方法で，影響を与えたいのか？
- 望ましい関与の形態は，「能動的」（active），「受動的」（passive），「相互的」（interactive）のいずれか？
- 結果表示の「対象」（target）とすべき人々は，慎重に選択した少数の個人か，あるいはもっと幅広い人々か？
- 対象となる受け手の反応がより良くなるのは，「書面」（written），「口頭」（verbal），「電子媒体」（electronic），またはそれ以外のコミュニケーションか？
- コミュニティ・プロファイルの結果表示を「永久」（permanent）に記録として残したいか，あるいは賞味期限のあるものか？
- この作業に，どのくらいの「予算」（budget）を投入できるか？
- ねらいは，「強い初期の影響」（high initial impact）を与えたいのか，または「長期の考慮」（longer-term consideration）をもたらしたいのか？

め，想定される関わり方の一覧を図9.4に示す。コミュニケーションに，正しい方法も間違った方法もないということを忘れてはいけない。むしろ，特定の受け手に及ぼしたい影響をその対象に最適な関わり方とマッチングさせる必要がある。

　そのような理由から，特定の受け手に対しては，多様な手法（例えば図9.5参照）を用いた関与の段階的プログラムを検討してもよい。目標や目的の設定に際して，プロファイリング過程の初期段階で，受け手や想定される影響を検討してきたであろう。この段階で，主要人物を例えば運営グループに関与させることはよい考えであろう。そうすることで，彼らにプロファイルへの主体的意識を感じてもらい，その過程に影響を与えてもらう。そうすれば，結果を受け取ったとき，彼らは結果により注意を払うようになるであろう。

図 9.4　想定される関わり方

〈イベント〉
- 他の主催するイベントでのプレゼンテーション
- 自分が主催するイベントでのプレゼンテーション
- セミナー
- ワークショップ
- トレーニング

〈書面でのアウトプット〉
- 報道記事
- 報告書
- 要約
- リーフレット
- ニュースレター
- ツールキット
- レター／電子メール

〈その他のメディア〉
- Video/DVD
- CD
- 陳列／展示
- 公式／非公式の会談
- ウェブサイト

■報告書

　調査結果や用いた方法を詳述した包括的な文書を作成するのは，一般に良いことである。これは，その他の結果の提示を引き出す際の拠りどころとなる要の文書である。報告書を広く行きわたらせるつもりがなくても，最適な記載情報の提示の仕方を検討することには価値がある。受け手が誰であったとしても，検討に値する提示の原則が多くある。それらを以下に示す。

図 9.5　関与方法の例

〈受け手〉ward 区議会議員

〈及ぼしたい影響〉地域コミュニティにおける若者のニーズに対する認識を
　　　　　　　　高め，若者向けサービスの改善を働きかける。

〈方法〉

• コミュニティ・プロファイルの主導グループに参加してもらう。

• 作業の進行に伴い簡潔な状況説明を通じて，絶えず進捗を知らせる。

• プロファイルが完成した際，報告書の概要のコピーと一緒に重要事項を目
　立たせた個人宛てのレターを送付する。

• 上記に引き続いて，報告書の内容について議論するワークショップに招待
　する。

• ワークショップ後に参加に対する礼状を書き，引き受けてもらいたい行動
　を要約して伝える。

• 理解しやすさ

　必ず簡潔明瞭で適切な言葉を使って書くようにし，俗語，専門用語，常套句
の使用を避け，略語を用いず詳細に述べること。極めて専門的な語句や頭字語
を多く用いている場合，簡潔な用語集を付け足してもよい。正確を期し，曖昧
あるいは不明瞭な語句および表現は避ける。文体が明確である必要性について，
Kane（1985：176）は以下のように述べている。

　　受け手が住民団体，親グループやクラブであれば，あなたは他の人と同様
　に彼らが使う「言葉」（language）をだいたい知っているだろう。現代人の
　多くは，忙しすぎて専門用語ばかりの文章を読み解くことに時間を費やす余
　裕がない。その一方で，不自然にくだけていたり，高圧的にまくし立てるの
　も，同様にうっとうしいであろう。あなたが受け手グループの一員でない場
　合，そのグループ特有の言葉遣いや俗語を使って，「けなし」（down）たり，
　受け手の賛同を得ようとしないこと。例えば，年配者が十代の若者が使うよ
　うな「流行語」（in-words）を使おうとすれば，ばかげて見え受け手を遠ざ
　けかねない。明確で簡潔で理解しやすい文章を目指すべきである。

第9章 影響の最大化　　*141*

・関連情報を見つけやすくする

　報告書をすべての人が，最初から最後まで読むとは限らない。たいていの人は，自分の関心の高いセクションに焦点を当てる。報告書の論理構造について検討し，明確な見出しタイトルを用いて各セクションに何が書かれているか分かるようにし，読者が読みたい内容を見つけられるようにする。詳細な目次ページを作る（標準的な報告書の構成例については，図9.6参照）。

・読みやすくする

　報告書のレイアウトを検討する。読みやすいサイズの明確な書体を選び，一頁に詰め込みすぎないようにして，余白を広くとり「スッキリ」(clean) 見せる。カラープリンターやカラーコピー機が利用できる場合，色を使い報告書の見栄えを良くできないか考えてみる（例えば，見出しの色を変えたり，グラフや表や図に色を使う）。カラープリンターやカラーコピー機が使えない場合，見出しに太字やイタリック体を使用したり，書体のサイズを変更して，ページ内で本文より目立たせる。

・主要メッセージを強調する

　伝えたい主要なメッセージに読者の目が止まるようにする。チェックリスト，囲み記事，見出し，小見出しを用いたり，太字やイタリックなど書体を変えることで，それを行うことができる。

・意見を支持する証拠を用いる

　意見を盛り込むときは，プロファイルの調査結果による裏付けを行うこと。証拠によって支持されない一般化や包括的意見を表明すると信頼を損なう。適切なイラストや例えばケース記録，引用，画像を用いれば，調査結果が洗練されたものになろう（第8章も参照）。

・要約を書く

　報告書を最初から最後まで通読する人はほとんどいないだろう。そのため，完全な報告書とは別に，主要なポイントが載っている要約を作成する必要があ

図 9.6　標準的な報告書の構成

- **タイトル・ページ**：報告書の名称。例えば，面接やアンケートにおける印象的な一節など，読者のイマジネーションをかき立てるようなタイトルを使ってもよい。あるいは，何に関する報告書かをより直接的に説明するタイトルでもよい。前者であれば，それに説明用の「小見出し」（strapline）を加える（例えば「町名：コミュニティ・プロファイル」）。タイトル・ページには，報告書を作成した著者や団体の名称，出版元，出版日などを入れる。

- **要約**：文書全体を読む時間がない人，関心が薄い人を対象としている。要約は，主要な調査結果と十分な背景情報を組み合わせ，読者が調査結果を理解しやすいように構成する。

- **謝辞**：何らかの形でコミュニティ・プロファイルの作成に寄与した人に感謝を述べる。二次データを提供してくれた地方議会職員，コミュニティの議論に参加してくれた人，調査に回答してくれた人，過程にアドバイスや援助を行ってくれた人，それらの人を記載する。一人も漏らさずに，名前を正しく書くことが重要。

- **内容目次**：報告書内の意図するページに誘導するために必須であり，見出し，小見出し，ページ番号などを盛り込む。別途，表やグラフのリストを加えてもよい。

- **導入**：プロジェクトの背景（プロジェクトの起源），文脈，関連事項，目標と目的，取られた方法の詳細（プロファイルをどのように行ったか），情報源などを記載する。調査を行った場合，サンプルに関する詳細情報（どのように選び出し，どのように住民全体と比較するのか）と回答率を記載する。ミーティングで集団討論を行った場合，どのように組織され，どのような構造であったのか説明する。

- **報告書の本文を適切なセクションに分ける**：調査結果は，テーマ別やトピック別にまとめられた報告書の主要部分から構成される。答えを得るための主要質問を明確にし，資料をまとめる枠組みとしてそれを用いるために，元の目標や目的に立ち戻ることが有益であろう。各セクションは，当該セクションの範囲や内容のアウトラインから始め，最後に要点を簡潔にまとめて終えるのが良い。

- **結論と提言**：これらは，報告書本体の結果から論理的に導き出されるはず
  のものであろう。主要課題をまとめたり，課題に優先順位をつけてもよい。
  これが適切に行われれば，提言や行うべき行動へつなげることができよう。
- **参考文献**：利用した資源に関する参照文献が文章内に散在していると，報
  告書が読みにくくなる。しかし，使用した資源を明記することはよいこと
  である。単に参照文献を羅列するよりも，注釈付きの文献解題や「資源注
  釈」（Notes on sources）を記載する方が，有益であろう。
- **付録**：付録は，一般に，技術的情報や報告書の主要部分に加えるには不適
  と考えられる文書を収録するために用いられる。例えば，使用したアンケ
  ートや面接スケジュールとともに詳細なデータ表を付録に盛り込んでもよ
  い。

る。要約は，「単独の」（stand-alone）文書として作成されることもあれば，
報告書の序文であることも多い。どのような人たちが，報告書の主な受け手か
について慎重に検討し，様々な機能を果たすよう作成しなければならない。例
えば，プロファイルの調査結果をフィードバックする手段として地域住民に配
布してもよいし，人々を行動計画作成や討論グループなどのフォローアップ作
業に関わってもらうために利用してもよいであろう。さらに，地域サービス提
供者，自治体職員，選出議員に送付してもよい。

　要約の小冊子は，文章を短く興味を引くような形にし，主要なメッセージを
簡潔に伝えなければならない。興味を持った人が，もっと詳しい情報を探すこ
とが出来るように連絡先も詳細に記載する。Joseph Rowntree Foundation の
「調査結果」（Findings）シリーズが良い手本となる（Joseph Rowntree
Foundation 2006）。このシリーズは，同じ基本構成になっており，A4 サイズ
4 枚以下となっている。最初の表紙ページには，導入部として短いパラグラフ
があり，その後に主要な調査結果が箇条書き（10 項目未満）で記載されてい
る。内側には，調査に関する背景が簡潔に概説された後，調査結果のより詳細
な説明と結論が記載されている。裏面の最終ページは，「プロジェクトに関し
て」と題する短いパラグラフで，調査に用いた手法について簡潔に説明されて

おり，次いで報告書に関する文献索引があり，報告書がどこで入手できるか記載されている。

要約の主な受け手が地域コミュニティであり，もう少し短い内容の方が適切だと感じた場合，写真や絵を挿入した小冊子やニュースレターの形式にしてもよい。

■報告書を書く過程

報告書を作成するには，幅広い様々な資料をまとめることが必要である。これらの資料は，公式刊行物，国勢データ，他の公式統計，調査結果のほか，コミュニティ・メンバー，サービス提供者，政策立案者，コミュニティの代表への面接から得られた資料，グループ討論や住民集会の覚書などがある。それに加え，地図，写真，グラフ，チャート，表もあるかもしれない。報告の文書化という作業は，こうした多様な元々の資料を尊重しつつ，読みやすくかつ主要メッセージが伝わる形にまとめることである。これは簡単なプロセスではない。以下の原則が役立つであろう。

- **調査の質問に立ち返り**，資料を構造化するテーマを生み出すためにそれらを用いること（第5章参照）。
- **使用する資料を精選すること**。収集データのすべてを含める必要はないが，興味深いものはいかなるものも除外しないこと，重要な視点を反映すること，決定的な証拠を提示することに留意すべきである。
- **量的データと質的データを組み合わせること**。例えば，特定の課題に関連する統計データを示しつつ，地域住民の面接からの話題も盛り込み，そのデータがコミュニティにとって，どういう意味をもつのか示すこと（第6章と第8章参照）。
- **理解しやすい形で統計データを示すこと**。統計データは，理解や把握が難しい場合があり得る。表の代わりにグラフやチャートを使うことを検討してみること（第8章参照）。
- **情報源に忠実であること**。特定の視点に注目したり，特定の些細な情報を省略することによって，意図せず（あるいは意図的）に報告書に偏りを生

じさせないようにすること。以下の自問が試金石となる。この意見の裏付けとなる証拠は何か？注目させようとしていることに反する証拠はないか？

- 「PEE」構造を用いること。これは，意見（Point）を述べ，その裏付けとなる証拠（Evidence）を挙げ，その意味を説明（Explanation）することを指す。

■電子広報

電子媒体を用いて情報にアクセスしようとする人々が，近年，益々増えてきている。組織がウェブサイトを持っている場合，リンクを提供すれば，人は自由に報告書や要約のダウンロードや印刷をすることができよう。それはまた，紙の使用やコストを削減できるという利点もある。また，電子メールは，すみやかにまた安く主要人物に報告書の存在を知らせたり，報告書を添付ファイルで送付することができる非常に効果的な手段である。

■情報を提示する別の方法

調査結果を文書で示しても，十分に伝えたいことを伝えられないと感じることもあろう。情報を提示する方法として，別のメディアが注目されてきている。CDやDVDであれば，写真資料や面接の収録が容易であるし，陳列や展示も，メッセージを広める方法だろう（ディスプレーや展示を行う場所のアイデアについては，図9.7参照）。しかし，こうした方法は制作コストが比較的高くなる可能性があり，専門家の力も必要となろう。留意すべきは，上に示唆したように，少なくとも目的の一部が自分のコミュニティに関する情報の提示であれば，情報伝達の方法が何であっても，提示の裏付けとなる調査結果の詳細な記録をどこかに入れておかねばならない。

■地元メディアの活用

地元の新聞，ラジオやテレビは，地元の活動やイベントについて熱心に知りたがっている。調査結果のみならず，セミナー，ワークショップ，行動計画（action planning）など，プロファイルに関連して組織した活動にも注目して

図 9.7　ディスプレーや展示ができそうな場所

- 市役所や他の公的施設
- 図書館
- 学校の玄関や廊下
- スーパーマーケット
- コインランドリー
- 青少年センターやコミュニティ・センター
- 美術館や博物館
- 公共職業安定所
- 学校
- 保育所
- 教会／宗教関連施設
- 地元商店
- テイクアウト店

もらうために，プレスリリースの作成を検討する。ただし，プレスリリースを発信するなら，地元のジャーナリストのインタビューを受ける準備も必要である。そして，主要なメッセージに焦点を当て，明確かつ簡潔に表現することを忘れてはならない。

第4節　他の関与方法

ここまで基本的に，情報を読者（CD や DVD の場合は，視聴者）に対して提示するという一方的なコミュニケーションについて述べてきた。しかし，受け手がコミュニケーション過程の積極的な参加者となり，受け取る調査結果に関与する機会が増えれば，調査結果がより大きな影響を及ぼすことが証明されてきている。繰り返しになるが，コミュニティ・プロファイルの様々な受け手に関して，このことを考慮しなければならない。

地域コミュニティのメンバーは，プロファイルの調査結果を聞くことができるワークショップへの参加の機会を歓迎するだろうし，質問することで，プロファイルから浮上してきた課題に取り組む何らかの活動に関与するようになるかもしれない。これには，単に調査結果を伝えるということだけでなく，行動過程に移行するという利点がある。行動計画策定を含め，この種のイベントに利用できる数多くのモデルがある（図9.8参照）。また，その一方で，コミュニティのイベントや活動には多様な選択肢がある。Wates のふたつの出版物（1996, 2000）には，こうしたコミュニティ基盤のイベントや活動に関する有

図 9.8　地域行動計画の利点

- 活動家やリーダーに働きかけたり，「Planning for Real」実践といった［活動］（activities）に参加者を募ったりして，参加を促進させることができる。
- より多くの地域住民に，地域ニーズの発見や優先順位付けに参加させ，個別の地域公共サービスの計画や立案に関わってもらうことができる。
- 地域ニーズの充足や資金調達支援の発展や主体的参加に関わって，地域の関与を促進させることができる。
- 民間サービスの提供（例えば，スーパーマーケットの立地）など，サービス提供および資源配分において，広範な優先事項に影響を及ぼすことができる。
- より広い世界の持続的発展を支えるための地域活動や，地域の社会，経済，環境保全に後々まで影響を及ぼす過程を提供することができる。
- 地域の知性を向上させ，地域の人々が意見を述べることのできるコミュニティ主催の公開討論の場を設けることにより，近隣ガバナンス（管理）に貢献できる。

出典：Home Office（2004）Firm Foundations. The Government's Framework for Community Capacity Building. London: Home Office, p. 23

益な情報が記載されている。

　主な受け手が地方議会や他の組織の政策立案者や意思決定者の場合，プレゼンテーション後に質疑・討論を行うフォーマルなセミナー形式が適切かもしれない。どのような人にイベントに参加してほしいか，慎重に検討し，彼らの関与を確実にするための対策を講じる必要がある。この過程で，ward 区議員に支援を求める必要があるかもしれない。このようなセミナーに最適な時間帯や場所についても，慎重に考えること。コミュニティ・プロファイルは，自分にとって重要なものであっても，各々の組織や機関の管理者の対処課題としては，さほど優先順位が高くない場合もあることを心に留めておくこと。

　その他の関与してもらいたい重要な受け手として，地域の最前線でサービスを提供している地域サービス提供者があげられる。一般医，訪問保健師，学校長，住宅管理者，ユースワーカー，大学学長などがこれに含まれよう。彼らに

とって，有益だと思われるメッセージをプロファイルから引き出し，それを話題とする。彼らのために，軽食を共にするランチタイム・イベントを検討してもよいだろう。それは，自分の話したいことを彼らに聞いてもらう，また調査結果や彼らのサービスの意味について話し合う機会を彼らがもつことになるであろう。繰り返しになるが，参加者の仕事に役立つような形で，イベントを企画するようにする。

　プロファイルの情報を得たり，質問したり，調査結果について話し合うには，あまり格式ばっていない場の方が適当かもしれない。例えば，コミュニティ・センターで一般公開したり，地域の図書館で気軽に立ち寄れる集会の開催を検討してもよい。この種のアプローチで大切なことは，例えば，主要情報を提示するディスプレー・ボードや要約のリーフレットなど多くの閲覧物を用意するということである。さらに，集まった人たちに何らかの活動に関与するよう求める機会ともなろう。これは，何が彼にとって重要な問題なのかを評価してもらったり，具体的な問題や課題や対策を求められた意見に取り組むための行動を提案するといった波及的な行動につながるであろう。少なくとも，受付には署名簿が必要であり，参加してくれた人の人数を記録として残す必要があろう。

　この種のイベントを計画する際には，開催地の選択，開催時期，アクセスのしやすさなど，いくつかの一般的なポイントが関係してくる。これらについては，第4章で既に説明している。

第5節　プロファイルを最新の状態に保つ

　コミュニティ・プロファイリング・グループにとっては，コミュニティ・プロファイルを作成し，広報を行い，行動計画の実施をフォローすることが，終点であるかもしれない。グループは，解散かあるいはプロファイルから導かれる行動の進展に関わることになるかもしれない。しかし，プロファイリング活動の結果，どのような進展や変化がもたらされたのかをレビューするために，将来，再び集まることを検討してもよいであろう。努力の結果もたらされた改善を記録していくことは，とても励みになり満足感が得られるだろう。とはいえ，変化が起きるまで長く時間がかかることもあろう。なぜ期待する事象が思

っていたほど迅速に起きないのか，またさらなる行動が必要となる未解決の課題がないか，レビューしてもよいであろう。また，将来的にさらなるプロファイリング作業が，必要かどうかを検討してもよいだろう。結局のところ，いかなるコミュニティ・プロファイルも，ある時点におけるひとつの概観を示すにすぎず，すぐに時代遅れとなってしまうであろう。

第6節　主要項目のまとめ

　コミュニティ・プロファイルに取り組む過程は，非常に重要ではあるが，ほとんどの場合，プロファイリング過程を通じて発見した事柄の記録として，アウトプット（成果）を作成しようとするであろう。さらには，このアウトプットによって，人々の理解や態度や地域の政策と実践を変化させ，地域に影響を及ぼしたいと思うかもしれない。プロファイルの影響を最大化するには，プロファイルの情報をどのように記録し，その記録を作成後にどう取り扱うかについて慎重に計画しなければならない。すなわち，どのような影響を及ぼしたいか，プロファイルの受け手はどのような人たちか，受け手に影響を及ぼす最適な方法は何かなどについて，検討する必要がある。

　受け手は多様であるので，それぞれの受け手のニーズを満たすために複数のアウトプットを作る必要があろう。また発信するメッセージを強調するために，同じ受け手に対して，異なる時期に様々な方法で関与しなければならないだろう。大抵のコミュニティ・プロファイルは，結果的に調査結果の記録文書となる。それは，典型的な報告書である。幅広く配布するつもりがなくても，報告書を作成するのは一般的に良いことである。これが基本の文書となり，それが，より利用者にとって使い勝手の良いアウトプットを作成するための基盤を提供してくれるであろう。

　コミュニティ・プロファイルからアウトプットや二次産物を作成するのは，プロファイルが受け手に影響を及ぼすための第一歩にすぎない。重要なのは，こうしたアウトプットをどのように広め，人々の注意を引くために何をするかである。プロファイルの調査結果やその関連事項について，人々が顔をつき合わせて議論し，行動計画策定に参加する機会がある方が，プロファイルに影響

力を持たせるうえで効果的である。

参考文献

Joseph Rowntree Foundation (2006) www.jrf.org.uk/knowledge/findings/, accessed
    7 November 2006.
Kane, E. (1985) *Doing Your Own Research*. London: Marion Boyars.
Wates, N. (1996) *Action Planning. How to Use Planning Weekends and Urban Design
    Action Teams to Improve Your Environment*. London: Prince of Wales's Institute
    of Architecture.
Wates, N. (2000) *The Community Planning Handbook*. London: Earthscan.

第 10 章 結 論

　本書第一版が出版されてから，ここ 10 年の間，コミュニティ・プロファイリングは，周辺的な活動から政策と実践の主流となってきた。これは，幾つかの要因の相互作用によるものである。中央政府，すなわちサッチャー政権とそれに続く New Labour（新しい労働党）政権は，公的サービスの近代化と，特にその利用者と納税者へのよりよい対応と責任を果たすことに努めてきた。この流れは，コミュニティ基盤のコンサルテーションと調査活動の爆発的な増加に導いた。同じころ，地域プログラムやプロジェクトが効果的であるためには，地域ニーズ，優先順位と地域住民の意見を考慮しなければならないという認識が広まった。公的機関によって，またはそのために行われるコミュニティ基盤の調査活動がすべて，本書で推奨されているコミュニティ・デベロップメント・モデルに準拠しているわけではないが，地域住民を自らのニーズ・アセスメントにかかわらせ，地域サービスの計画と供給にかれらの意見を取り入れるという真剣な取り組みが幾つか行われてきた。

　コミュニティ組織やボランタリー組織は，コミュニティ・キャンペーンの発展や，また問題意識の高揚に果たす情報の力を認識してきた。都市部と郊外におけるコミュニティ・プロファイルの実施モデルの発展は，この過程を大きく進展させた。

　同時に，インターネットによるデータや情報へのアクセスの驚くべき容易さもまた，コミュニティ・プロファイリングに貢献している。すなわち，今日，ほとんどの地域エリアの基礎的統計は，比較的簡単なやり方で，そのオンラインにアクセスできる。同様に，コミュニティ・プロファイルの結果の伝達や広報に役立つメディアが発展してきており，コミュニティは，自己のメッセージをより効果的に広げる機会を拡大している。しかしながら，そのような発展が，自身の調査を行いたいコミュニティにとって，否定的な結果をもたらす面もある。今日，生み出されているコミュニティ・プロファイルの多くは，たいへん

体裁よく，また専門的に作り上げられている。しかし，コミュニティ集団は，次のことを忘れてはならない。すなわち，調査の厳密性は，結果の信頼性にとって大切なものであり，プレゼンテーションは，結果の与え方に影響を与えるが，コミュニティ・メンバーの意見の表明，結果を公表しようとする情熱と熱意の表明，そして地域の知識もまた重要である。

コミュニティ・プロファイルが，今日，中央政府機関と地方自治体によって，肯定的に推奨され，また実施が容易になってきていることは，喜ばしい発展である。しかし，われわれは，以下のようなコミュニティ・プロファイルの伝統的で急進的な可能性を無視してはならないであろう。すなわち，貧困と不利益，充足されていないニーズに焦点を当てること，資源配分の不公正に注意を向けること，「大物」によってなされた決定の普通の人々への影響に注意を喚起すること，コミュニティが，理解，スキル，自信，そして，我がことというコミュニティ意識を発展させるよう支援することによって，変化を引き起こすことである。

付録1 用語解説

アクション・プランニング／アクション・プラン（Action planning/action plan）
近隣やコミュニティのために，ビジョンや優先順位を定めた計画をコミュニティのメンバーが協働して作り出す過程とそれらの達成を支援する活動。

エリア・プロファイル（Area profile）
「監査委員会」（the Audit Commission）が発展させてきたイングランドの地方自治体のプロファイルを提供するために，地域の幅広いデータをまとめたもの。エリア・プロファイルには，人口の情報とともに，サービスの成果，独立監査官によるアセスメントと地域調査による住民の声が含まれている。

能力形成（Capacity building）
コミュニティのためにまたその中で効果的な活動を行えるように，人々とコミュニティ集団のスキル，能力と自信の向上を目指して，資源，訓練と支援を投入すること。

CAQDAS
「コンピュータ支援質的データ解析ソフトウエア」（Computer Assisted Qualitative Data Analysis Software）の一般呼称であるが，QDA ソフトウエアや質的ソフトウエアと呼ばれる場合が多い。質的調査を支援するために作られた多様なソフトウエア・パッケージが，これに当てはまる。これらのソフトウエアは，テキスト・データの詳細な探索，符号化と解析を支援するために特に用いられる。

事例研究（Case study）
深く典型例を考察するために，ある現象（または事例）を特に取り上げ研究

すること。

市民陪審（Citizens' jury）

出来る限り当該コミュニティを反映する約16名の人々から成る。報告書形式の「評決」（verdict）に至る前に，多くの場合，対立する問題を議論するために3〜5日間開かれる陪審。審議対象の問題に対して，様々な見解を提供する「証人」（witness）の意見陳述が行われる。

市民パネル（Citizens' panel）

時にパネル調査と呼ばれるが，市民パネルとは，一連の調査に協力する地域住民やコンサルタント過程に協力するボランティアからなる継続的なパネルである。それは，意見や感想を述べる役割を担い，特定のサービスや政治課題に着目したり，より広い戦略に焦点を当てる。

閉じた質問（Closed question）

「イエス」か「ノー」といった限られた反応に答えさせる質問であり，回答者は自由に意見表明できない。

符号化（Coding）

解析できるように非数値化変数に絶対値を付けること。

コミュニティ・オーディット（Community audit）

コミュニティ・プロファイルに非常によく似ており，近隣の全体像を提供し，将来計画を立てるために役立つ。

コミュニティ・コンサルタント（Community consultation）

主に法定機関や他の機関によって行われるもので，一連の提案，選択肢や優先順位に対するコミュニティの態度を測定するために，また既存のサービスの満足度を評価するために計画されたものである。

コミュニティ・デベロップメント（Community development）

ニーズを発見しそれを満たす行動をとるようにコミュニティに働きかけることによって，社会正義と改革を達成するための集合的活動の過程。

コミュニティ参加（Community involvement）
　公的意思決定や地域活動に，ある地域や地域集団の人々を関わらせること。

コミュニティ・オーガニゼーション／グループ（Community organization/ group）
　互いに興味をいだく共通の目的を追求する中で協力し合う人々からなるコミュニティの組織や集団。

コミュニティ関与（Community participation）
　コミュニティ参加を参照。

コミュニティ計画／戦略（Community plan/strategy）
　ある地域の福祉を促進させるための総合的戦略のこと。コミュニティのニーズと意欲を効果的に満たすために，主要地域組織の諸活動をコーディネートすることを目標としている。

コミュニティ・プロファイル（Community profile）
　既定のあるいは自ら定めた一群の人々のコミュニティとしてのニーズと資源の包括的な記述。コミュニティ自身の積極的な関与によって行われる。それは，アクション計画の発展を目標にしていたり，コミュニティの生活の質の向上の手段であったりする。

クロス・タブレーション（Cross-tabulation）
　クロス・タブともいわれるもので，サンプルの下位集団間の相違を解析するために，量的解析の調査ツールとして用いられる。ふたつ以上の名目変数間の関係を示す度数（多くの場合表上で示される）を組織化する方法である。このクロス・タブレーション表は，個々のセル（cell）を含む。そのセルには，特定の性格の組み合わせを示す関与者の度数が含まれる。

データ解析（Data analysis）
　これは，生のデータの意味，構造，関係，起源等を解明し，利用できるようにするために，生のデータを研究し，転換する過程である。

信仰コミュニティ（Faith community）

同じ宗教や信条を信奉する人々のコミュニティである。それは，ボランタリー・セクターやコミュニティ・セクターの特別な部分と見なされるであろう。信仰コミュニティ内では，ボランタリー組織やコミュニティ組織として効果的に作用する信仰集団が存在する。

フォーカス・グループ（Focus group）

グループ討議を行ったり，面接を受ける集団（通常，8人から10人）。仲介者やエネブレラー（支援者）は，特定の話題にその集団が焦点化するように支援し，その話題に関する彼らの経験や意見を得ようとする。フォーカス・グループは，アイデアの探求とともに，話題に対する意見を得るために特に有用である。

度数分布（Frequency/frequency distribution）

あることが起きる，または反復する割合のこと。ある変数にどのようにケースが分散されているのかを示す。従って，度数分布表によって，ある質問に答える回答者の人数（またはパーセンテージ）を概観することができる。

地域戦略パートナーシップ（Local Strategic Partnership）

公的部門，私的部門，コミュニティ・セクターやボランタリー・セクターからの主要組織を結び合わせて，地方自治体内で活動する多機関団体のこと。

ニーズ・アセスメント（Needs assessment）

これは，一次医療トラスト（Primary Care Trust）や地方自治体といった法的機関によって，政策計画目的のために始められ，また実施される傾向がある。一般に（例えば，人口といった）既存のデータを利用するが，サービスによって最も影響を受けるであろう人々の地域ニーズ，態度や受け止め方の理解に役立つ情報源によって補われることもある。

観察（Observation）

調査方法としての観察は，店やバスといった「自然」（natural）的状況を含む様々な状況で行うことができる。観察者は参加者である。例えば，委員会

のメンバーとして，公表して観察することもあれば，「秘密にして」（concealed）観察する場合もある。観察は，観察すべき対象リストを用いて構造的に行う場合もあれば，見たことすべてを書き出すという非構造的に行う場合もある。観察は，人々の活動や行動，また人々の相互作用や物理的環境の理解に役立つであろう。

開いた質問（Open question）

簡潔な事実や「イエス」か「ノー」という回答よりも，考えていることを述べるよう回答者に求める質問。

口述証言／歴史（Oral testimony/history）

これは，その地域で生きてきた，または研究にかかわる出来事を経験してきた人々の回想や経験を用いて，地域，集団やコミュニティの研究を行うこと。そのデータは，普通，テープに録音するといった綿密な面接を用いて集められる。

アウトプット・エリア（Output area）

2001年センサスにおいて，登録地区（enumeration districts）に移管した。個々のアウトプット・エリアは，125世帯からなる。つまり，ward区やパリッシュ（教区）を構成する要素（nest）である。アウトプット・エリアは，組み合わされて，スーパー・アウトプット・エリアを構成する。それは，広くセンサスのデータを提示するための単位として利用されている。

パリッシュ評価（Parish appraisal）

村評価（Village appraisal）を参照。

参与観察（Participant observation）

観察（Observation）を参照。

参加型アプローチ（Participatory approach）

特別な方法として採用されることは少なく，一般的アプローチとして活用されることが多い。調査の対象者（subject）である人々が，積極的な参加者

となるという方法である。地域の人たちをエンパワする，またスキルや自信を高める手段として，コミュニティ・デベロップメントの文脈で用いられることが多い。伝統的な調査方法が，参加を促進させる方法を目指して改編される場合が多い。例えば，地域住民によって，コミュニティ・プロファイルが作成，監督されたり，コミュニティ・メンバーが，調査の質問を決めたり，近隣の歴史や課題に関する地域の知識を作り上げる際に住民が参加する。また，インタビュアーに地域住民が採用されたり，データの解析や説明に住民が参加する。

パイロット（Piloting）
想定通りに調査が進展するかどうかチェックするために，少数の人たちに調査や調査手段を実地に試してみること。

現実のための計画（Planning for Real）
「近隣主導財団」（Neighbourhood Initiative Foundation）が発展させてきたもので，その手法は，将来の発展のためにニーズとアイデアを提示するために，地域の人たちによって用いられる近隣3次元モデルの構築によってもたらされる。

実践者による調査（Practitioner research）
実践者の専門的実践の発展を明らかにするために，実践者によって行われる調査。ニーズ分析，評価やサービス・レビューという形で行われる。

一次的データ（Primary data）
第一次的調査（Primary research）を参照。

一次的調査（Primary research）
新しい情報の収集，分析と解釈。

質的調査（Qualitative methods）
通常，数値として提示できないデータの作成。課題の綿密な調査や態度，見方や感情に関わる情報を提供するうえで役立つ。

付録1　用語解説　*159*

量的調査（Quantitative methods）
数値として測定できる統計的データの作成。

信頼性（Reliability）
同じ調査が実施された場合，同様の結果が得られるという合理的な期待があるとき，その調査結果は信頼できるという。

回答率（Response rate）
質問紙を受けとり返答した人の割合。

回答者（Response sample）
質問紙に回答し返送した人。面接に応じた人。

二次的データ（Secondary data）
既に存在するデータ。他者によって集められたデータであるが，自己の目的のために使用できるもの。

半構造的面接（Semi-structured interview）
内容が予め決められた質問の代わりに，質問項目のチェックリストを用いて柔軟性のあるやり方で質問を行うこと。

社会的責任（Social accounting）
ソーシャル・オーディティングの項目を参照。

ソーシャル・オーディティング（Social auditing）
組織の目的やより広い利害関係者集団の目的に関して，当該組織の活動を定期的に評価すること。その過程には，外部の利害関係者との議論や組織外による立証が含まれる。

社会的資本（Social capital）
集団内や集団間の協力を促進させる規範，価値や理解を結び合わせた地域のネットワーク。

社会的排除（Social exclusion）

失業，スキルの欠如，低所得，差別，貧弱な住居，高い犯罪率，不健康や家庭の崩壊といった問題が絡み合った結果，普通の社会が享受する成果や機会から排除された人々や場所が生み出されること。

構造的面接／質問紙（Structured interview/questionnaire）
一連の質問項目を厳格に定めて，インタビュアーも回答者もそれに従って質問，回答するという面接やアンケート。

スーパー・アウトプット・エリア（Super output area）
アウトプット・エリア（Output area）の項を参照。

調査（Survey）
比較的短期間に多くの人から多量のデータを得るための方法。そのデータは，統計の形で示されることが多い。社会調査は，対面面接，電話やEメール，自記式アンケートで行われる。「閉じられた」または「開かれた」という一連の標準化された質問が用いられる。閉じられた質問では，回答者はあらかじめ記された一群の回答からある回答を選ぶことになる。開かれた質問では，回答者は自由に質問に答えることになる。閉じられた質問を用いれば，回答を分類し，数量化することが容易となる。しかし，それは課題の表面的な理解以上のものを得にくくさせる。開かれた質問を用いると，全ての回答者が自分の見解を表明することができるが，その回答を分類したり，数量化することが難しくなる。多くの調査の質問は，開かれた質問と閉じられた質問が混合したものである。

有効なデータ（Valid data）
何を測定しているのかを明らかにするデータ。

村評価（Village appraisal）
村評価や教区評価とは，郊外の発展過程の一部として，地域の性格，問題，ニーズや課題を郊外コミュニティが明らかにする手段のこと。多くの場合，主に都市のコミュニティ・プロファイルの郊外版である。教区評価を行うための手本はないが，ほとんどの評価は，一連の一般的な原則に則っており，

また地域調査を利用している。

ボランタリー組織（Voluntary organization）

公的機関や地方自治体以外で，利益目的以外のために活動を行う非営利集団。標準的に，また公式に組織され，有給専門職や管理スタッフを雇用している。

付録2 社会調査法の詳細

　本書の主要部分において，多くの読者があまり関心を抱かないであろう情報によって本書の理解を妨げないように，社会調査法のより技術的な議論をできるだけ避けてきた。この付録は，コミュニティ・プロファイリングに関連する社会調査法の技術的側面についての基礎的な手引きを与えるものである。とりわけ，調査をうまく実施するために必要となる情報を十分に提供してくれるだろう。ここでは，以下のトピックを取り上げている。

- 標本（サンプル）抽出（sampling）
- 質問作成
- 質問の分類と収集
- 面接者の募集とトレーニング
- 統計学の使用

第1節　標本（サンプル）抽出

　どんな調査にどのような方法が適しているかを考える際，標本について考えなければならない。標本とは，その調査に直接関わって面接されるか，自記式質問票を受けとることになる人々の集団である。標本抽出には，難しい専門的技術がいるが重要なことである。なぜなら，それは収集した情報の信頼性や妥当性に影響するからである（第7章及び第9章参照）。もし，標本が適切でないのであれば，最終的にその情報は非常に使いにくいものになろう。本節では，標本を引き出すための基礎的知識を提供しているが，この領域に熟達した他者の支援を求めることも有意義である。

　標本を考える場合，出発点は関心を抱くコミュニティ全体である。そのコミュニティをめぐって想像を働かせることを通じて，関心を抱くコミュニティか

らどのような人々を選ぶのか決めねばならない。住宅団地のような空間的に定義づけられたコミュニティを例にとってみよう。あなたは，その団地の住民そのものに，それともそこで雇用されている人に関心があるのか？　あらゆる人に関心があるのか，それとも成人の住民だけを対象とするのか？　その際，成人とは，18歳かそれとも16歳か？

　上記の質問に答え，どのような人々を選ぶのかを決めた後，あなたの意図する調査方法に基づき関われる人数，自由に使える資源，計画を完了するための時間配分について，決めねばならない。収集した情報を保存し分析するためにコンピュータを利用できるかどうかは，調査対象者の人数を決めるうえで重要なことであろう（第8章参照）。

　もちろん，例えばある団地のすべての成人住民のように，特定の集団全員に質問したい場合もあるだろう。もしそうなら，あなたはいわゆる100パーセントの標本にアプローチすることができるため，わざわざ標本を引き出す必要はない。ほとんどの場合，コミュニティが非常に小さいか，あるいは資源が非常に大きくない限り，それは現実的でないであろうから，もっと少人数の人々を調査対象にする必要性が出てくるだろう。標本を構成する人々をどういう人にするか決めるに際して，二つの事項に留意しなければならない。接近したい人々の数と，その集団がコミュニティ全体を代表しているかということである。その標本が代表しているという意味は，選んだ標本の特徴が，コミュニティの性格とできる限り近いということである。一般に重要だと考えられる特徴とは，性別，年齢，民族性，居住地，就業状況である。しかしながら，プロファイルの目的によっては，その他の項目も重要になる。もし65歳以上の人々が25パーセントということを知っているのなら，標本にも65歳以上の人が25パーセント含まれることを保障しなければならない。もし，65歳以上の人の比率が25パーセント以上であれば，そこにはバイアスがかかっていること，そしてより広いコミュニティの見解を正確に反映したものではないことを明記しなければならない。標本の代表性を保障するためには，対象であるコミュニティを構成している人々の特徴についてさらなる情報が必要となろう。また，そこで標本に入れるべき集団は幾つなのかを計算できる。ほとんどの場合，それはセンサス・データから得ることができよう（第6章参照）。

■標本枠組み

標本集団の決定，標本集団の人々の特徴の把握と各集団の人数の確定の後，標本枠組みを作る必要がある。標本枠組みは，調査に関係する個人や組織の包括的リストであり，そこから接触可能な現実の個人や組織を引き出し得るだろう。それは，ある地域の選挙人名簿であったり，ボランタリー組織やコミュニティ組織の名簿であったり，ward区の議員名簿であったり，あるいは特定のサービス利用者の名簿であったりするだろう。標本枠組みは，関係する人々をすべて含んでいることを保障しなければならない。例えば，標本の中に16歳の人を含みたいと思った場合，選挙人名簿では十分に使いこなせない。なぜなら，そこには17歳かそれ以上の人々しか含まれていないからである。その一方，標本枠組みから無関係なすべての人々を排除しなければならない。例えば，もし女性を対象にした調査であるのなら，標本枠組みに女性のみを含まなければならない。もしその標本枠組みが個人のある特徴を確定できないのなら，最初の大きな標本に戻り，基準に合わない人々を排除するためにスクリーニングを行わねばならない（以下，参照）。

選挙人名簿は，今日，最も広く使用されている標本枠組みのひとつである。地方自治体の選挙登録事務所は，17歳以上の投票権をもっているすべての人々の名前と住所が記された名簿をもっている。その名簿は，投票区や街ごとにまとめられている。そのため，プロファイルしたい地域と関連のある街をいとも簡単に見つけることができる。しかしながら，選挙人名簿から標本抽出する作業には多くの欠点があることも事実である。第一に，住民のすべてが登録されているとは限らない。実際，生活困窮者や脆弱な人が登録されないことがある。さらに，選挙人名簿では黒人か白人か，有職者か無職者か，若者か高齢者かなどについては分からない。そのため，特定の集団に焦点を当てたい場合，これは問題である。このような様々な難点があるにもかかわらず，それは利用可能な成人に関する包括的なリストであろう。

包括的な標本枠組みをつくるためには，計画に最も適した標本を抽出するための技術を決定しなければならない。ここでは，無作為抽出，層化抽出，割当抽出の三つのアプローチを取り上げる。

付録 2　社会調査法の詳細　　*165*

■無作為抽出

　無作為抽出は，標本枠組みに含まれる全ての人が選ばれる機会が均等であるため，そう呼ばれる。しかしながら，この文脈における無作為とは，でたらめを意味するものではない。例えば，あなたが通りを歩いていて偶然出くわしたすべての人々に面接を行うなら，それは無作為抽出とはいえない。ある住民が家にいたり，職場にいたり，あるいは別の場所にいたとしたら，それは面接の機会が均等であったとはいえない。無作為抽出とは，ルールを厳守した技術のひとつである。それはまた，かなり簡潔な技術である。ふたつの方法により，無作為抽出を行うことができる。先ず第一に，通常，統計学の教科書に後ろに掲載されている一連の乱数表を使用するか，もしくは乱数用の書籍を買うか，あるいは乱数を発生させるコンピュータを使用すればよい。乱数は，通常，5桁の数字で表される。それを左から読んで，標本を特定するために必要な桁の数字を使う。それ故，もしあなたの標本枠組みが 100 よりも小さいなら，無作為抽出のために最初の 2 桁を使えばよい。もし，100 から 999 人までであれば，3 桁を使えばよい。乱数表を用いたこの簡単な作業は，コラムを下から読むか上から読むか，左から右に読むか，右から左に読むかということであるが，それはいつも首尾一貫したものである。一度，標本のなかから抽出したい数と同じ数の無作為抽出された数のセットをもつと，無作為抽出に適した標本枠組み内の個人の数を抽出することによって，標本を確定できる。

　より簡潔な無作為抽出の方法は，サンプリングの間隔を得るために，標本枠組み内の個人の数を数え，標本内で得たい人の数によって分割することである。そのため，標本枠組みの全数よりも少ない乱数を用いて，出発点の数と一致する標本枠内の個人を用い，以降の名前を特定するために標本間隔を用いる。すなわち，標本枠組みが 2000 で，200 の標本が欲しい場合，その標本間隔は 10 ということになる。もし，無作為抽出表が 596 という数字を示しているのなら，リストの 596 番目の人がその標本の最初の人になる。そこから，リスト上の10 番ごとを数えていき，200 の標本をもっているのなら，そのうちの最終エントリーの人にたどり着いた時，最初に戻っていなければならない。この方法はとても簡単であるが，標本枠組みに何らかのバイアスがかかっているような場合には使用できない。言い換えれば，もし，そのリストが例えば年齢によって

構成されていると，この種のサンプリングは使用できない。

■層化無作為抽出

　他のより複雑なアプローチの場合は，層化無作為抽出を使うことである。この技法は，コミュニティ内の区分を保障したい場合に特に使いやすい。つまり，例えば，白人，パキスタン人，アフリカ−カリブ人という三つの異なる集団からなるコミュニティを対象にしている場合，標本をこれら3つの構成要素に比例して階層化すればよい。だから，もし，全母集団が5000人であるとして，3000人（60％）が白人，1000人（20％）がパキスタン人，1000人（20％）がアフリカ−カリブ人である場合，この三つの集団の比率と同じ標本を確保しなければならない。実際には，三つの集団に応じて標本枠組みを三つの部分に分割する必要があるだろうし，上記の三つの集団毎にランダムに適切な人数を抽出しなければならない。

■割当抽出

　サンプリングの第三番目の方法は割当抽出である。これは，標本が母集団の特徴を既知のものとして反映されているという意味で層化抽出法と幾つかの面で似ている。例えば，もし，母集団の25パーセントの人が65歳以上だと分かっている場合，標本の人々の25パーセントを65歳以上の人々にすべきである。しかしながら，割当抽出は，たいていひとつ以上の特徴に基づくものである。例えば，性別，年齢，民族性，就業状況を考慮したくなるであろう。抽出する標本は，これらの特徴の比率に匹敵する人々から構成されるようにしなければならない。ここでの重要な相違点は，全体的に無作為に抽出したものではない標本ということである。むしろ，調査者は割当に際して特定の特徴をもった人々を見つけ出して行くのである。

■クラスター標本

　もうひとつ別の標本技法として，クラスター標本がある。これは，例えば特定の都市や地方の女性など，広範囲に分散しているコミュニティを扱う際に重要であろう。この技法は，実際には標本のふたつの層を含んでいる。第一の標

本層は，特定の都市や地方であり，第二の標本層は，その地域内の個人を特定することである。すなわち標本は，以下のようにクラスター化される。標本内で特定された個人は，その都市の特定の部分に集約される。これは結局のところ，地理的に非常に広大な地域においてインタビュー調査をするのが実際的ではないと考えられる場合や，都市の選挙人名簿全体など莫大な標本枠組みのため，コスト面や時間の面でも厳しい場合に有効なものである。

　最初に行うべきことは，サンプリングするために都市や地方区を適切な地域に分割することである。通常，投票区や国勢調査の対象地域や ward 区に基づくのが最も手っ取り早い。まず，各々の地域毎の母集団について知る必要がある。人口順に各地域をリストアップする。どのくらいの地域を取り上げるのかを決定したなら，標本枠組みを与えたいと思う地域数に応じて，母集団を地域ごとに分割する。それから，乱数表を使用し，一定の間隔サンプリングを加え，また加算的な人口を特定することによって地域を特定する。こうする理由は，ある地域が多数の母集団か少数の母集団かが重要ではなく，各標本が同等のサンプルされる機会を与えられているか否かが重要だからである。そうでなければ，ある特徴を示す都市や地方区の中で，多様な一定の地域を含むことを保障しなければならない。例えば，豊かな地域や貧しい地域とか，白人の地域や多文化の地域，また持家住宅や市営団地なども含みたいと思うかもしれない。もしそう思うなら，特徴を正確に明確化し，使用する指標を決定し，適切にその地域をグループ化し，次いでそのグループにおいて無作為抽出により標本化しなければならない。この方法を用いて標本化のポイントを階層化することになる。地域や標本化のポイントを明確化すれば，上述した様々な方法を使用して，個人の標本を定めることができよう。

　標本を抽出するためにどのような方法を取ろうとも，目的である標本にできる限りバイアスがかからないように，注意深くルールに従わねばならない。

第2節　質問作成

■質問の作り方

　質問の際に使う言葉は，とても重要である。もし，不適切な言葉を用いて質問したなら，質問の意図を十分に理解してもらえず，回答を得られないかもしれない。もし，無神経に質問したならば，回答を拒否されることもあるだろう。一般に，質問に用いられる言葉や言葉使いは，回答してもらうコミュニティのメンバーにとって親しみやすいものでなければならないし，またインタビュアーにとって心地良いものでなければならない。潜在的な困難を明らかにするために，質問を仮に試行することが役立つ。

　無駄を省くために数多くのことが挙げられる。以下に簡潔に考察して行こう。

・**上手な質問**

　これは，回答者が答えやすくする方法である。その一例としては，

　　　　「あなたは，自分がフレンドリーな近隣だと考えないですか？」

と質問するのではなく，

　近隣との親密性に関する回答を得るための良い質問例は，以下の通りである。

　　　　「近隣との親密度についてお聞かせください？」（択一）
　　　とても親密　　　かなり親密　　　それほど親密ではない　　　全く親密ではない

・**あいまいな質問**

　この種の質問には，いろいろな解釈が考えられる言葉が含まれている。例としては，次のようなものである。

　　　　「あなたはしばしば映画を見に行きますか？」（ひとつにチェック）
　　　はい　　□
　　　いいえ□

　これは個々人によって，「しばしば」という言葉がどれぐらいの頻度のこと

なのかについて，大きな差が生じるため，無意味な回答を導くであろう。この種の質問のよりよい例として，以下のものが挙げられる。

「あなたはどれぐらい映画を見に行きますか？」（択一）

全く行かない   □
少なくとも1年に1回   □
少なくとも6ヶ月に1回   □
少なくとも3ヶ月に1回   □
……

・あいまいな用語

普通に使われる幾つかの用語は，非常にあいまいなため定義をしないで用いることはできない。例えば，失業，主婦，高齢者，若者，裕福，貧乏などである。これらの用語は，人によって意味するところが異なるであろう。一般的には，こうした用語の使用を避け，次のようなより正確な言葉を使う。

- "失業"のかわりに，現在，有給の仕事をしていないこと
- "主婦"のかわりに，無職で家事や家族の世話をしている人
- "高齢者"のかわりに，65歳以上の人
- "若者"のかわりに，16歳から21歳までの人

・仮定的質問

ある仮定的状況において，人に何をしたいのか質問をする場合がある。一例としては，

「もしあなたが引越しをするならば，どこに引越しをしたいと思いますか？」

この種の質問は，「分からない」という回答を多く引き出しやすい。なぜなら，回答者の多くは，引越しそのものに興味をもっていないであろうから，その質問に答えようがないであろう。例えば，人に理想の価値観や一連の価値観を表明してもらいたいのなら，仮定的な質問を使うのが適切である。そうすれ

ば，人々の生活について欠けていることは何かを次のような質問を通して，見つけることができるだろう。

「もし，1,000ポンドあれば何に使いたいですか？」

- **一度にふたつの質問をすること**

これらの質問は，同時に別のふたつの無関係な事柄について尋ねるような場合である。例えば，

「駐車場をもっと増やすべきか，または職場まで歩くべきですか？」

この質問は同時に全く異なるふたつの質問をしているため，回答することができないだろう。

- **あまりにも一般的すぎる質問**

例えば，次のような質問である。

「この地域の住宅についてあなたはどう考えますか？」

これにはとても答えづらい。住宅の修理や大きさについてなのか，デザインの良さについてなのか，住みやすさについてなのか，どの問題について回答を見出したいのか？　次のような特定化された質問をするのがよいであろう。

「この地域の住宅の修理状況は，良いとあなたは思いますか？」

「この地域の住宅は，うまくデザインされているとあなたはいえますか？」

- **あまりにも多すぎる質問**

このタイプの質問の例は，

「ここ最近5回の通院についてお話しください？　それはなぜ行ったのですか？　予約は簡単に取れましたか？　そして通院した結果はどうだったのですか？」

付録2　社会調査法の詳細　　*171*

ひとつの質問の中にあまりにも多くの情報が入りすぎている。質問を分けて，個々に尋ねる方がずっとよい。

・知識が必要な質問

この問題は，専門用語や難解な用語を使用したり，略語が含まれていることから発生しがちである。例えば，

「あなたの家には uPVC の窓がついていますか？」

「あなたは長期入院したため，施設病にかかっていると思いますか？」

「職探し NVQs は，役立つと思いますか？」

対象の人々が，この種の専門用語や難解な言葉を理解できると確信できない限り，これらの使用は避けるべきである。

・暗算が必要な質問

自己完結的質問や面接のいずれにしても，暗算をさせるような質問は良くない。例えば，

「賃金や給料，給付や年金などあなたの家族の 1 週間の世帯収入がいくらなのか教えてください。」

この場合，見込める全収入源のリストを作成し，それを基に個別に計算し，インタビュアーやコード化する人が積み上げて行くことがよく，より正確な収入の把握ができよう。

・記憶に頼らざるを得ない質問

かなり古い出来事について，人々に質問をするならば正確な回答をあまり期待できないであろう。例えば，

「あなたはここ一年間で何回，地域の水泳プールに行きましたか？」

通常，6 ヶ月前というのは，質問をする際に理にかなった期間といえる。よ

り短期で最近の出来事や，例えばクリスマスのような人々の心に残るような特別な出来事のときも可能である。

■質問の試行

　質問票を作成し終わったら，それが現実に機能するものなのかテストする必要がある。このもっとも良い方法は，作成にかかわった人々以外の少人数の集団で，それを試してみることである。これは，質問が理解しやすく適切に答えられるか，フィルター質問が適切に働くか，閉じられた質問への回答が十分妥当なものか，回答を記録する十分な空欄があるかなどについて，確認するうえで役立つであろう。試行中は，実際の調査で用いられるのと同様の方法で，質問が行われなくてはならない。それ故，もし，自己完結型の質問なら，質問票に通常ついている添書以外の情報を，試行対象者に与えてはならない。もしそれが面接調査なら，インタビュアーは，本番と同様の方法で質問を示さなくてはならない。

　試行の質問票が出来上がると，試行参加者を吟味し，参加者──回答者とインタビュアー──と話し合う必要がある。その際，次のような質問を行う。

「質問に対する回答は，おおよそ予期したものですか？」
「回答はコード化できますか？」
「特定の回答者たちにのみ適している質問はありますか？　フィルター質問は，うまく機能していますか？」
「誤解を与えやすい質問はありますか？」
「重複している質問はありませんか？」
「尋ねたり，答えるのが難しい質問はありましたか？」
「質問が切り札的な内容を含んでいませんか？」
「コード化する前の質問のカテゴリーに重複は，ありましたか？」
「多くの閉じられた質問に対する回答に，『その他』のカテゴリーが出てきましたか？」
「質問票をうめるのに，どのくらい時間がかかりましたか？」

　試行を行い，レビューによって明らかになった問題点を改善した後，今や最

付録2 社会調査法の詳細　　*173*

終の質問票を作成する時である。試行から生じた改善点が組み込まれたなら，校正を行い，番号チェックする必要がある（とりわけ，順序の入れ替えや削除や追加の場合）。調査質問票は，常にタイプされるかワープロで作成されねばならない。これで，印刷にかける準備にとりかかる時がきたわけである。

第3節　自己記述式質問の送達と回収

　もし調査が自己記述式なら，標本から特定された人々に配るために質問票を整えなければならない。基本的にこれには三つの方法がある。郵送か，手渡すか，関心のある人に個人的に配るかである。どの方法を選ぶにせよ，配られる人と回答してきた人を知っていなければならない。また，いつ質問票が回答者に選んだ人に届くのか，その回答者は自分のすべきことを理解しているか，そして彼らがそれを受け取る理由についても確認しなければならない。

　もし，質問票が郵送か手渡しで配るのなら，回答してくれる人の住所を明確に知っておかなければならない。名前の知れない人に質問票を送る場合，「入居者様」か「住人様」と書く必要がある。そして，各家庭の誰に回答してもらうよう添書や封筒に明確に記述しておかなければならない。例えどのような送達方法を選ぼうとも，以下のことを説明した手紙やリーフレットを添付しなければならない。すなわち，何についての調査なのか，どのように質問に答えればいいのか，回答した後どうすべきか，そしてこの後にどういう展開が待っているのか。また同封される手紙やリーフレットには，秘密厳守の旨書き添えなければならない。

　もし質問の回答を郵送で行いたいのなら，切手付で宛先が書かれた適切なサイズの封筒を質問票を送る時に同封しなければならない。電話をして回答を送ってくれるように促したり，もし未回答なら手助けすることはないかと尋ねることで，回収率を上げることができよう。これは，読み書きが苦手で回答に影響する疑いのある地域に対して，特に有効である。もし，この方法で質問票の回答を得ることを決めたのなら，添書かリーフレットに質問票の発送から回答の回収までのおおよその期間と，質問票への問い合わせ先の電話番号を明記しておかなければならない。また，質問票とともに返信用封筒を同封しなければ

ならない。自分や家族の個人情報を含んだ書類を手渡すことに不快に感じる人もいるからである。特に，質問票の回収を地域のボランティアが担当するところでは問題となろう。もちろん，回答者の多くに送料無料の返信用封筒を送るようにするであろうし，期間内に回答してこない人に対しては，電話することになる。これは，そうしなければ回答してこないであろう人を催促するうえで時間の節約になるという利点がある。もし，全調査を郵送により行いたいのなら，期間内に返送してこない人に対して催促状を送る代わりになろう。

別の質問票の回答の回収方法は，例えば，コミュニティ・センターなど特定の地域や場所に行って，手渡しをするという方法である。これは，回収に当たって最も労力を要するものでもある。なぜなら，回答者の負担が大きくなるからである。結果として，他の場合よりも回収率が低くなるかもしれない。

■回答の記録

どのような返送方法を採用したとしても，返送された回答を記録できなくてはならない。これは，回答してこない人をフォローする際に重要となる。このもっとも簡単な方法は，標本の個人や家族にナンバーを付けておいて，それと個人の名前や住所を対照する方法である。そうすれば，回答が戻って来たとき，まだ戻ってきていない人を簡単に識別できるであろう。もしコンピュータを使って記録している場合，関係データから標本の個人の名前や住所を含むファイルを別に作ることがとても重要である。

全標本のうち特定のグループの回答率に注目し，初期の段階で低い回答率である地域においては，回答率を高めるために，早期に適切な対応が求められる（催促状や訪問）。もし，これを行おうとするなら，回収率が特に高かったり低かったりする原因を確認するために標本の特徴に関する幾つかの基本的な情報（上記参照）を入手する必要があろう。

第4節　インタビュアーの募集と訓練

もし面接調査を行いたいのなら，協力者を募集し，インタビュアーとしての訓練を積まなければならないだろう。これを有給で行うのか，無給のボランテ

ィアとして行うのかを決めなければならない（第4章参照）。そして，インタビュアーを募る前に，まず何人のインタビュアーが必要なのかを判断しなければならない。これはプロファイリングしようとしている地域の大きさによっても変わるだろうし，実際に調査を行える期間の長さによっても変わってくる。地域のボランティアが利用でき，また地域の人たちのスキルを向上させるためにプロファイリングの訓練が用いられない限り，通常，できるだけインタビュアーは少人数にする方がよいであろう（第4章参照）。実用的な観点から言えば，関わる人があまりいない方が，過程の管理や継続性の面でやりやすいであろう。もし，必要な時間やスキルを備えたプロファイリング活動に参加する十分な人がいるのなら，下記のような募集に長い時間をかけるのを避けられるであろう。しかし，インタビュアーが，特にプロジェクト・チームから選ばれている場合，排他的な派閥の一員とコミュニティから見なされないように注意しなければならない。

■募　　集

　インタビュアーが有給，無給にかかわらず，プロファイルされるコミュニティの住民か，それとも当該コミュニティの知識をもっている人を募るべきである。地理的な観点からコミュニティを特定した場合にはその地域に限定して，また関心に基づきコミュニティを特定した場合は，特定の人たちのための場所や新聞に限定して広告を出すようにすべきである。広告をコミュニティ・センターで，また地元新聞のコラム欄に掲示するにせよ，その広告には，そのプロジェクトの標題と仕事の内容（例えば，自宅で面接する），働く期間（時間，日数，週），必要なスキルや専門性（例えば，感受性や少数民族の言語に関する知識），また必要ならば賃金を掲載すべきである。また，詳しい事項の問い合わせ先，応募の仕方や応募期限も忘れず記載すること。

　インタビュアー募集の他の方法は，然るべき場所で公開の募集セッションを開いて，興味を抱いた人を集めて，そのプロジェクトについて話し合うことである。もしこの方法を用いたいのなら，面接を支援するために主導グループやマネジメント・グループから十分な人手を集めなくてはならない。また，様々な状況の人が出席するため，一日中そこにいなければならない。名前，住所，

電話番号，経験，仕事に役立つことなどの基本的情報を集めるために，簡単な応募用紙に記入するように応募者に依頼することがよいであろう。そして，ふたりの信用照会人の名前と住所を尋ねなければならない。もしある人の自宅でその人と話し合うために人を派遣するときは，信頼を得るために，幾つかのステップを踏むことが正しいであろう。

　応募用紙に応募者が記入し終われば，その適性を確かめるために応募者に面接しなければならない。ひとりの候補者につきふたりが面接するのが最も良い。もし，多数の候補者が予想される場合は，候補者の印象と適性を面接者が記入できる簡単な用紙を作成するのがよい。いうまでもなく，機会均等な手順という基本原則が適用されねばならない，つまり，性格，資格と経験を考慮しなければならない。

　候補者を選出したなら，任命及び仕事の条件について確認した書面を送付しなければならない。それには，決められた日の面接訓練への出席が要求されること，身分証明書用のパスポートサイズの写真の提出が求められることを明記すべきである。

■訓　　練

　もし調査を成功させたいのなら，インタビュアーの訓練が，有給か無給かにかかわらず不可欠である。そのためには，インタビュアーと訓練担当者が快適に過ごせる広さの部屋を確保し，日々の訓練プログラムを作成しなければならない。訓練コースは，以下の項目を含んでいなければならない。

- 何の調査なのか
- 誰によって調査が組織されているのか
- 調査内容の熟知
- 面接の設定
- 仕事の割り当て
- 紹　介
- 面接技術
- 秘密保持

付録 2　社会調査法の詳細　*177*

- 回答の記録
- 個人の安全
- 困難への対応
- 面接の終了
- 調査の実行管理
- 品質管理とチェック

　順に簡単に考察していこう。これらのほとんどは，一対一の面接や自宅での構造化面接を含む調査にかかわるものである。しかし，幾つかは，他の種類の面接に関係している。本節の最後に，街頭面接，電話面接，半構造化面接とグループ討議にかかわる諸問題についても取り上げる。

• 何の調査なのか？

　インタビュアーが，その調査が何故実施されるのか，どういう種類の情報が集められようとしているのか，そして集められた情報を整理し分析した後，情報によって何が起きるのか理解させることが重要である。もしインタビュアーが調査のことをよりよく理解していればいるほど，彼らはその仕事に精を出し，彼らが集めた情報の質も良くなるであろう。また，彼らがその調査の性格と目的について質問してきたなら，自信をもってそれに答えることが大切である。

• 誰によって調査は組織されているのか？

　インタビュアーは，その調査が誰によって組織されているのかを正確に知らなければならないし，クリップボードを持って玄関に怪しげな人が現れたと思いかねない相手からのこの種の質問に答えねばならない。

• 調査内容の熟知

　インタビュアーが，質問内容や面接スケジュールを熟知していればいるほど，面接中もより自信をもてるし，情報もより正確に得ることになるだろう。質問票を通じて次のように予習するのも良い。各質問がどのような情報を求めているのか，フィルター質問はどのように機能するのか，質問をして回答例を示し

たりすることである。これを一度行ってから，できるだけ時間をかけてインタ
ビュアーに各々の質問を行うべきである。これを一斉に行うのは，グループ内
のすべてのインタビュアーに対して，順番に質問をして行く。また，時間が許
すなら，ペアを作って交互に面接を行うというロールプレイを行っても良いで
あろう。

・**面接の設定**

　インタビュアーは，面接する相手をどのようにして見つけ出すのかをよく理
解する必要があろう。これは標本の種類に拠るであろう。ほとんどの場合，イ
ンタビュアーは電話番号リスト，世帯員名簿や何番目の家という指示が付いた
街名のリストを与えられるだろう。どの方法を取るのであれ，面接には照会先
が載った適切な文書が与えられる。また，面接は，いつ電話をかけ不在時には
どのぐらいの頻度でかけ直すかなどについて指示を受けていなければならない。
共通して言えることとしては，朝10時前に面接してはいけないし，また夜9
時以降に面接をするべきではない。また異なる時間や異なる日に訪問する回数
は，三回までは許されるべきであろう。特定の住所に電話をかけるにしても，
面接スケジュールの裏面か記録シートのどちらかに記録しておくべきであ
ろう。

・**仕事の割り当て**

　もし割り当てシステムを使うなら，インタビュアーは割り当てシステムの働
き方と記録の仕方についての詳細を知らなければならない（割り当てサンプリ
ングの項を参照）。

・**紹　　介**

　どのようにインタビュアーが，回答予定者に自己紹介をするかによって，回
答対象者が面接を受けるか否かが左右されがちとなる。良い方法は，彼らが心
地よいと感じる一定の文言を準備しておくことである。それには，自己紹介，
誰のために行っているのか，関係者に面接したい旨を十分に説明すべきである。
世帯内の個人名が特定されたり，割り当て標本が用いられる場合，目当ての人

付録2　社会調査法の詳細　　*179*

と面接していることをチェックするために適切な言葉を用いる必要があろう。
以下は，紹介のキーポイントをまとめたものである。

- 自己紹介し，どこの組織から来たのか話すこと。
- 身分証明書を提示し，回答者にチェックしてもらうこと。
- 回答者に調査のことを説明すること。もしあれば，記憶を呼び起こすためにリーフレットのコピーを示すことが役立つであろう。
- 話している相手が適切な人かどうかチェックし，もし適切な人なら彼と面接すること。もし適切な人でなければ，世帯内の他の人に当たること。
- 以下のような聞かれそうな質問に答えられるように準備すること。どのくらい時間がかかりますか？自分の名前はどう守られますか？回答したことから何が起きますか？
- 秘密保持を示すこと。
- もし，面接に応じたがらない人がいたら，何故答えないのか，その拒否を覆す方法を考えるように努めなさい。しかし，誰にでも参加を拒否できる権利があることを認めること。
- 調査に関して，友好的かつ堅実で熱意があること。

・面接技術

　インタビュアーは，面接技術に関する基礎的訓練が必要である。その多くは常識であり，自然とよき聞くスキルを持った人に行き着くであろう。しかしながら，注意すべき幾つかの問題がある。例えば，質問票のように正確に質問を読み上げる重要性，「精査する」（probe）という特別の指示がある場合を除いて，回答者を刺激しないこと，うなずきや笑顔などによって回答者の話しを聞いていることを示すこと，（賛成，反対にかかわらず）質問の内容と回答に関して中立でいること，回答者と論争に陥らないこと。

・守　　秘

　守秘の重要性は，訓練中強調されるべきである。インタビュアーは，面接の内容を他人と議論しない重要性と，安全な場所で面接を行う重要性を理解すべ

きである。インタビュアーは，面接終了後，すみやかに調査管理者に面接内容を整理して提出しなければならない。

・回答の記録

インタビュアーは，訓練中，質問に対する回答を記録する練習を行わねばならない。インタビュアーは，指示に従って系統的にまた注意深く質問をして行くことの重要性を理解する必要がある。すべての回答は，正確に正直に記録されるべきである。もし，インタビュアーが，どのカテゴリーにどう回答を記録すればいいのか不確かであったり，どれに分類してよいのか分らないとき，正確な回答を列挙したものをメモに取ることと，どのように回答を記録すべきかについて調査管理者の指示を受けるように教えなくてはならない。疑わしい時の一般的なルールは，その情報を書き出していくことである。自由記述の質問の場合がそれに当たる。コード化される前の質問は，適切なチェック・ボックスに照合の印がつけられるか，正しい回答が明確に循環するようにしなければならない。もし，インタビュアーが間違ったり，回答者が心変わりしたならば，正しい回答を明確にしておくことが重要である。

もし，回答者の答えが「無回答」なら，これもそのフォームのなかに記しておくべきである。空欄のままか，―（ダッシュ）をつけることは，その質問がなされなかったか，回答者が回答を拒否したのかの印象を与える。すべての回答が明確に記される必要があり，特に情報の記号化，入力，分析に責任をもつ人がいる場合はそうである。

面接が終了した後，インタビュアーは，すべての回答が明確になっているかチェックし，見過ごされた質問がないかどうか確かめるべきである。インタビュアーが，例えば面接そのものの困難さや質問票を使用する際の問題点といったその過程についてコメントすることはよいことである。

•インタビュアーの身の安全

すべてのインタビュアーに，しっかりと彼らの身の安全について指示しなければならない。いつでも身分証明書を持つべきである。この証明書には，インタビュアーの写真と名前と，またその調査を実施する組織の名称も入れるべきである。また，回答者がインタビュアーの身元を確かめるために，電話番号も記さなければならない。インタビュアーが何らかの身の危険を感じ電話する際の緊急連絡先についても記さなければならない。また地元警察に，調査地域，調査日時，インタビュアーの氏名，自動車の登録番号などを知らせておくとよい。もし相手が見つからない場合に調査管理者に連絡するよう指示し，インタビュアーを二人一組みで通りや地域に送り出す方法がベストである。彼らが仕事をする地域によっては，アラームや犬対策機器（超音波犬防止器）を携帯することがよい。

上記の注意で身を守れるであろうが，現場で困難に遭遇した時，一般にその安全の確保はインタビュアーの感性に依存する。基本的なルールとして，インタビュアーは，リスクを最小限にするために着実なステップを踏まなければならず，たとえそれが面接調査の予定より早い終了であっても，不快を感じたらその場から立ち去るべきである。この良い方法は，インタビュアーは時計を見て，同僚と打ち合わせするといえばよい。

調査管理者は，面接をする人だけでなく，面接される人も保護するために適切な段階をふむ義務を負っている。このことは，インタビュアーは信用に足る人であり，照会者からお墨付きをもらった人であることを意味する。あるいはまた，このプロジェクトのためにどんな種類のインタビュアーを選べばよいか，注意深く考えなければならない。

•困難な状況への対応

インタビュアーに対して，訓練の中で困難状況の対処法について助言する必要がある。回答者にとって大切な問題について面接するということは，彼らに怒りの感情や苦痛を引き起こすかもしれない。インタビュアーは，もしこのような状況に陥った場合，どうするべきかについて一定の考えをもっておいた方が良い。また，前述の常識や感性も重要である。しかしながら，インタビュア

ーは，面接時，相手の感情に付き合ったり，カウンセリングや助言したりすることが仕事ではないことも忘れてはならない。もし，回答者が特定の質問に狼狽したり怒ったなら，インタビュアーは，次の質問に移るか，面接を終ることを丁寧に提案するかもしれない。インタビュアーは，回答者にインタビュアーの身の安全のためにそうすると思わせてはならない。

• 面接の終了

インタビュアーは，質問中，回答者にその調査の中身や方法についてコメントする機会を与えねばならい。参加への感謝が載ったリーフレットを渡したり，次に何が起こるのかを知らせることもまた良い考えである。

• 調査の管理

インタビュアーには，面接を行う際に必要となる基礎的なツールを提供しなければならない。それは次のようなものが含まれる。

- ペンと鉛筆
- クリップボード
- 空白の質問票
- 紙
- 地域の地図
- 地域のキーパーソンの氏名
- 緊急連絡先
- 身分証明書
- 分担の指示
- 名簿／住所録
- 調査の宣伝リーフレット
- 感謝のリーフレット

また，新たな面接スケジュールや対象者の名前や住所についてどこに行けば分かるのかを連絡し，回答された質問紙票をどこにどのようにもっていくのかを知らせておかねばならない。もし，インタビュアーが有給なら，支払い，費

付録 2　社会調査法の詳細　*183*

用，公的保険などの問題も扱わなければならないであろう。

・質の管理とチェック

　完成された質問票はすべて，正確なものであるか，あるいはあいまいな点を含んでいないかのチェックがなされなければならない（第 8 章のコーディングと編集の節を参照）。また，事後チェックをする場合もあろう。調査管理者は，決められた時間に電話したか，満足の行くやり方で面接が行われたか，基本的な情報は正確に記録されているかについて，対象者の一部の人に電話してチェックする。

第 5 節　統計の基礎

　コミュニティ・プロファイルを作る際，何らかの統計学を用いないで行うことは難しい。統計学は本質的にある情報の特徴を解き明かす計量的方法である。知っておくべき三種類の統計学とは，頻度，平均，そしてクロス表である。

■頻　　度

　頻度とは，データセット上で生じたある数値の回数の記述である。頻度は，全数かパーセントで表現される。例えば，性別であれば男か女かという 2 種類の数値を持った変数で表される。もし，データセットのなかに 200 人（うち，120 人〔60％〕が女性で，80 人〔40％〕が男性）の回答が入っているなら，それは「性別」の頻度ということになる。

■平　　均

　平均を表現する方法としては，最頻度（mode），中央値（median），中間（mean）の三つがある。どの方法を用いるかは，変数の種類と情報の集め方による。例えば，回答者の年齢という変数の場合には，頻度分布は表 A2.1 に示すように表されるであろう（表 A2.1）。

　回答者の平均年齢を調べるとき，必ずすべての回答者の年齢を足したうえで，回答者の数（50）で割らなければならず，ここでは 40.3 歳ということになる。

しかしながら一方，回答者の年齢をある一定のくくりのなかでとらえることもできる（例えば，「20-29歳」「30-39歳」「40-49歳」「50-59歳」「60-69歳」「70歳以上」）。しかしそれでは，中間年齢を計算することはできない。この場合，頻度か中央値を用いる方がよいであろう。中央値とは，物差し上の真ん中の位置にあるということである。例えば，表 A2.2 でいうと，回答者の現住所での居住年数の中央値は「1-5年」であり，このカテゴリーは50%を占める。この例は，中央値とは最頻度ともいえる。最頻度とは，最も共通している回答を表すものである。この場合，50人中15人が，現住所に「1-5年」住んでいることを表し，回答のカテゴリーのなかで最大のものといえる（表 A2.2）。

表 A2.1　年齢分布（仮定の例）

回答者の年齢 （年齢）	人数	パーセンテージ
21	3	6
25	7	2
29	6	12
34	10	20
38	5	10
42	6	12
47	2	4
54	3	6
63	1	2
68	3	6
75	4	8
計	50	100

付録2 社会調査法の詳細 *185*

表 A2.2 現住所地での居住年数

年	人数	パーセンテージ	累積 パーセンテージ
＜1	13	26	26
1 － 5	15	30	56
6 － 10	8	16	72
11 － 15	6	12	84
16 － 20	3	6	90
＞20	5	10	100

■クロス表

　私たちは単一の変数に目が向きがちだ。しかしながら，ふたつ以上の変数の関係についても見たいこともあろう。例えば，性別とその地域に提供されるべきサービスの希望との間の関連を調べたいであろう。これについては次の表A2.3 を例にとってみよう。

表 A2.3 追加のサービスを求めるジェンダー

	追加のサービス必要（％）	追加サービス不要（％）
男性	33.4	66.6
女性	76.9	23.1

　これは二つの変数のクロス表であり，回答者の性別とある質問に対する回答との関連を示したものである。ここから，女性はより多くのサービス提供を希望していることが分かる。これは，二つの理由から重要である。第一に，それは女性が欠けていると思うサービス以上のこと（第7章で示された他の方法のひとつが用いられるであろう）を示している。また，子どもの有無，職の有無別の女性のサービスを求める年齢といった質問を考えることができるであろう。これには，性別，追加してほしいサービス，就業状況といった同時に三つの変数を考察することが含まれよう。これは大変な時間を要する作業であり，コンピュータなしで分析することは困難であろう。行うべき分析がより複雑になれ

ばなるほど，信頼できる結論を引き出すことは困難になろう。枠のサイズ，言い換えれば表の個々の枠内の回答数が，あまりに少ないからである

付録3 参照文献

ARVAC (2001) *Community Research: Getting Started*. A resource pack for community groups. London: Association for Research in the Voluntary and Community Sector.

Aimed at community groups, this resource pack provides an overview of the research process and guidance on how to plan and design a community research project. It also includes helpful general information on using secondary data and an extensive guide to relevant websites.

Balaswamy, S. and Dabelko, H.I. (2002) 'Using a stakeholder participatory model in a community-wide service needs assessment of elderly residents: a case study', *Journal of Community Practice*, 10(1): 55–70.

American journal article setting out the case for a collaborative approach to community-wide needs assessment as a means of facilitating greater ownership and utilization of controversial findings.

Barnardo's (2000) *What Works? Making Connections: Linking Research and Practice*. Barkingside: Barnardo's.

A report exploring the connections between research and practice in social care. It provides a summary of the factors that help and hinder the application of research to practice.

Bell, J. (2005) *Doing Your Research Project* (4th edn). Maidenhead: Open University Press.

This guide, aimed at all beginning researchers whether students, professionals or practitioners, covers the entire social research process including a chapter on interpreting and presenting evidence.

Blaxter, L., Hughes, C. and Tight, M. (2001) *How to Research* (2nd edn). Buckingham: Open University Press.

This is an excellent reference tool for anybody undertaking community profiles. It provides practical advice on choosing the most appropriate method, includes up-to-date material and touches on areas often neglected in other research books, such as action research techniques and time management. The book looks at the 'writing up' process in some detail, covering grammar, referencing and spelling.

Burgess, T.F. (2001) *Guide to the Design of Questionnaires*, www.leeds.ac.uk/iss/ documentation/top/top2/, accessed 6 December 2006.

This is a clear and easy-to-use tool for those with internet access.

Burns, D. and Taylor, M. (2000) *Auditing Community Involvement: An Assessment Handbook*. Bristol: The Policy Press.

Provides resources to help map and audit community participation.

Burns, D., Heywood, F., Taylor, M., Wilde, P. and Wilson, M. (2004) *Making Community Participation Meaningful. A Handbook for Development and Assessment.* Bristol: The Policy Press.

The aim of this publication was to produce a tool which could properly hold institutions to account for the delivery of meaningful community participation as a means of encouraging genuine community participation and partnership working.

Burton, P. (1993) *Community Profiling: A Guide to Identifying Local Needs*. Bristol: University of Bristol, School for Advanced Urban Studies.

An early, but still useful, guide to the community profiling process.

Carley, M. (2004) *Implementing Community Planning – Building for the Future of Local Governance*. Edinburgh: Communities Scotland.

Reports on the findings of a study looking at the implementation of community planning in three cities in Scotland. The purpose of the report was to learn about the relationship of community planning to participation and service management and partnership.

Cavanagh, S. (1998) *Making Safer Places. A Resource Book for Neighbourhood Safety Audits*. London: Women's Design Services.

Intended for use by youth and community workers and volunteers, independent groups, teachers and individuals who wish to take action to improve the quality and safety of their urban neighbourhoods. The author takes people through the process of undertaking a community safety audit and provides useful resources to assist with the process.

Christakopoulou, S., Dawson, J. and Gari, A. (2001) 'The community well-being questionnaire: theoretical context and initial assessment of its reliability and validity', *Social Indicators Research*, 56: 321–51.

Argues for a multidimensional approach to measurement of community well-being. Presents the results of a questionnaire used in a pilot area to assess community well-being.

Clark, A. (1996) *Assessing Community Care Needs in a Rural Area: A Report of a Study Carried Out for the North and West Sutherland Community Care Forum.* Lairg: Highland Community Care Forum/Age Concern Scotland/Rural Forum Scotland.

This project arose out of a view among service users and carers, the voluntary and community sector and statutory agencies responsible for community care that a distinctively local approach to assessing needs and developing appropriate solutions was required.

Cockerill, R., Myers, T. and Allman, D. (2000) 'Planning for community-based evaluation', *American Journal of Evaluation*, 21(3): 351–7, http://aje.sagepub.com/cgi/reprint/21/3/351.pdf, accessed 28 March 2007.

In this article the authors present a planning guide that can be used to improve community-based research and evaluation. The guide consists of a set of questions that may be discussed with all stakeholders, covering issues relating to the nature and purpose of a community-based evaluation project, research methods and approaches, participation and decision making, conflict and conflict resolution, and dissemination and use of results.

Department of the Environment, Transport and the Regions (1995) *Involving Communities in Urban and Rural Regeneration. A Guide for Practitioners.* London: DETR.

A manual providing advice to those responsible for regeneration activity at the local level on how to set about involving the community. A bit dated now but still useful. Addresses principles of community involvement, community involvement at each stage of the regeneration process and techniques for involving the community.

Dewar, B., Jones, C. and O'May, F. (2004) *Involving Older People: Lessons for Community Planning.* Edinburgh: Scottish Executive Social Research.

This report examines the level and nature of involving older people in the planning, delivering and monitoring of public services in Scotland. It suggests ways in which that involvement could be improved. The study found a range of mechanisms currently in place offering opportunities for older people to influence some aspects of public services.

Engage East Midlands (2001) *Community Participation: A Self-assessment Toolkit for Partnerships*. Nottingham: Engage East Midlands.

This toolkit was created to give practical assistance to groups wanting to increase the quality and extent of community participation in partnerships they may be involved in. By working through exercises in the toolkit, groups can design partnership strategies and methods to encourage and enable higher levels of community participation.

Epstein, M.H., Quinn, K., Cumblad, C. and Holderness, D. (1996) 'Needs assessment of community-based services for children and youth with emotional or behavioural disorders and their families: Part 1. A conceptual model', *Journal of Mental Health Administration*, 23(4): 418–31.

Presents an overview of a needs assessment model in relation to community-based services for children and young people with emotional or behavioural disorders. The model stresses the need for inter-agency collaboration.

Fallon, G. and Brown, R.B. (2002) 'Focusing on focus groups: lessons from a research project involving a Bangladeshi community', *Qualitative Research*, 2(2): 195–208.

Examines the main issues and challenges associated with the use of the focus group method in a research study involving small business and entrepreneurship.

Fuller, R. and Petch, A. (1995) *Practitioner Research. The Reflexive Social Worker*. Buckingham: Open University Press.

Aimed at practitioners in the social care professions, this book includes chapters on designing a study, methods of collecting and analysing data, and dissemination. It also gives examples of successful research projects undertaken by practitioners.

Green, R. (2000) 'Applying a community needs profiling approach to tackling service user poverty', *British Journal of Social Work*, 30: 287–303.

This article proposes a community profiling approach for use by social workers to enable them to become more aware of the needs of service users and their communities.

付録3　参照文献　*191*

Hoggett, P. (ed.) (1997) *Contested Communities: Experiences, Struggles, Policies*. Bristol: The Policy Press.

This book has sections on community and social diversity, local government and community, and community participation and empowerment. Using case studies it examines the ways in which communities define themselves and are defined by outsiders, and developing partnerships with different agencies.

intute, University of Essex (2006) www.vts.intute.ac.uk/tutorial/social-research-methods, accessed 7 November 2006.

Provides a very useful, free guide to using the internet for social research.

Johnson, V. and Webster, J. (2000) *Reaching the Parts . . . Community Mapping: Working Together to Tackle Social Exclusion and Food Poverty*. London: Sustain; The Alliance for Better Food and Farming.

Community mapping project that used participatory appraisal to enable local people to analyse issues in their community and develop solutions to the problems they face. The focus was food and poverty.

Jones, J. and Jones, L. (2002) 'Research and citizen participation', *Journal of Community Work and Development*, 1(3): 50–66.

This article offers a critical view of the increasing amount of community-based research undertaken by public services. In particular it examines four approaches to gathering people's views in terms of how far they increase opportunities for participation.

Kane, E. (2001) *Doing Your Own Research: In the Field and on the Net*. London: Marion Boyars.

This research guide was written to enable non-specialists to do professional and effective research using current technology. It explains all stages of a research project, from developing the basic idea to collecting the information and producing the final paper. Of special interest are chapters on how to use the internet, access databases and improve your communication skills.

Lewis, A. and Lindsay, G. (eds) (2000) *Researching Children's Perspectives*. Buckingham: Open University Press.

This book addresses the issues and practicalities involved in obtaining the views of children. In the first part key theoretical and conceptual issues are discussed; in the second part methods for obtaining children's views are presented, together with their application in specific contexts.

McNeill, P. (1990) *Research Methods*. London: Routledge.

Written for non-specialists, this book discusses key issues of relevance to social research and provides a practical guide to a range of different social research methods.

Murray, S.A. and Graham, L.J.C. (1995) 'Practice-based health needs assessment: use of four methods in a small neighbourhood', *British Medical Journal*, 310: 1443–8.

Compares and contrasts four different methods used to analyse the health needs of a neighbourhood and draws conclusions on the relative contribution of each.

New Economics Foundation (2006) www.neweconomics.org/gen/newways_ socialaudit.aspx/ and www.proveandimprove.org/new/, accessed 31 October 2006.

This is an offshoot of the New Economics Foundation. The website provides interactive tools for social enterprises that are intended to help them measure their impacts and demonstrate the quality of what they do and how they operate.

Nutley, S., Percy-Smith, J. and Solesbury, W. (2003) *Models of Research Impact: A Cross-sector Review of Literature and Practice*. London: Learning and Skills Research Centre.

This publication reports on a project for the Learning and Skills Research Centre that reviewed the literature on research impact and assessed practice in case study organizations. It provides a useful assessment of a number of different strategies for increasing the impact of research.

Open University Library (2001) *Skills in Accessing, Finding and Reviewing Information (SAFARI)*, www.open.ac.uk/safari, accessed 28 March 2007.

This web-based tool is an extremely useful introduction to accessing and using a wide range of different kinds of information.

Packham, C. (1998) 'Community auditing as community development', *Community Development Journal*, 3(3): 249–59.

This article argues that some research methods are inappropriate in a community development context. The author makes the case for a community auditing approach on the grounds that it is more empowering while at the same time producing quantitative and qualitative outcomes.

Patton, M.Q. (1990) *Qualitative Evaluation Methods*. London and Beverly Hills, CA:

付録 3　参照文献　*193*

Sage Publications.

This readable book gives a good account of qualitative data collection, providing useful guidelines for conducting interviews and group work observations. It also contains a useful long bibliography, samples of interview guides, examples of open-ended interviews, and suggested code books for computerized interviews.

Perks, R. and Thompson, A. (1987) *The Oral History Reader*. London: Routledge.

An excellent guide to the topic of oral testimonies, giving a variety of approaches.

Philip, K. (2001) 'Young people's health needs in a rural area: lessons from a participatory rapid appraisal study', *Youth and Policy*, 71: 5–24.

This article reports on a research project that set out to elicit the views on health of young people in a rural area. A participatory rapid appraisal approach was adopted and the paper considers the advantages and disadvantages of using this approach.

Regeneris Consulting (2002) *Community Profiling Guidance Notes*, North West Museums Service (NWMS), available at www.inspiringlearningforall.org/ uploads/Community%20Profiling%20Guidan.pdf.

This report was commissioned to enable the NWMS to work more strategically in directly targeting the needs of particular communities of interest. It provides a quantitative profile of various communities of interest, both across the north-west region as a whole and in particular local areas.

Reid, P.T. (2001) 'Negotiating partnerships in research on poverty with community-based agencies', *Journal of Social Issues*, 57(2): 337–54.

Argues for the participation of people within communities being researched (in this case poor women). Strategies for securing cooperation are discussed and described.

Renewal.net has produced an online 'How to do it' document giving a practical introduction on how to carry out a community audit. It looks at a number of key stages, including getting started on planning the audit, carrying it out, results and recommendations, reporting, and acting on the results. Like community profiling, it emphasizes the need to involve the community at every stage. It introduces some of the techniques used and gives details about other resources. It also helps you to decide whether to bring in outside help on some or all of the work, discusses writing a brief for the work and how to assess any bids to undertake it. The manual can be downloaded at www.renewal.net/ Documents/RNET/Toolkit/Howcarryout.doc.

Rural Community Network has resource fact sheets for community development on its website: www.ruralcommunitynetwork.org (in the online publi-

cations page). There is a fact sheet about community audits at http://pub.
ruralcommunitynetwork.org/files/pdf/Community%20Audits.pdf.

Rural Development Council (2002) *Learning Communities Resource Pack*. This work-
book is designed for community facilitators who are working with com-
munities to identify local needs. It also focuses on producing action plans
for addressing those needs. Available from Rural Development Council, 17
Loy Street, Cookstown, Northern Ireland BT80 8PZ, tel. (028) 8676 6980,
www.rdc.org.uk, accessed March 2007.

SCARF (2006) (www.scdc.org.uk.) The Scottish Community Action Research Fund
(SCARF) gives community groups support to improve their skills and con-
fidence to carry out their own research. The fund helps them to plan a project,
collect information and understand it, use the information and learn from the
experience.

Schonlau, M., Fricker, R.D. Jr and Elliott, M.N. (2002) *Conducting Research Surveys
via E-mail and the Web*. Santa Monica, CA: RAND.

This book is full of information and background and is an essential read before
considering any online survey. A hard copy can be purchased or it can be
downloaded free at www.rand.org/pubs/monograph_reports/MR1480/.

Scott, J. (2002) *Assessing the Housing Needs and Demands of BME Communities in West
Dunbartonshire*. A report to Communities Scotland. Edinburgh: Communities
Scotland.

Study involving a quantitative analysis of the BME population in West Dunbarton-
shire; fieldwork to gain an understanding of how services are delivered and the
housing experiences of BME households.

Scottish Executive (2004) *The Local Government Act in Scotland, 2003. Community
Planning Advice Notes*. Edinburgh: Scottish Executive.

Useful publication describing the relationship of community plans to national
priorities and providing advice on various aspects of the community planning
process. Each section ends with relevant web links and further reading.

Sharp, C. (n.d.) *Finsbury Park Community Profile*. A research report for the Finsbury
Park Community Regeneration Initiative. London: University of North London.

Research to identify the assets or 'social capital' of the area as a contribution to
the development of a regeneration strategy.

Skinner, S. (1998) *Building Community Strengths*. London: Community Develop-

付録3 参照文献 *195*

ment Foundation.

This book is aimed at community workers in different settings. It purpose is to increase understanding of the nature of collective capacity building and its potential for communities. Five sections discuss: 'What is capacity building?'; 'Developing people'; 'Developing organizations'; 'Developing community infrastructure'; and 'Developing plans and strategies'.

Smith, G. (2002) 'Community research: a practitioner's perspective on methods and values', *Journal of Community Work and Development*, 1(3), http://homepages. uel.ac.uk/G.Smith/communityresearch.pdf.

This article examines some of the issues that arise when attempting community-based research. It explores the tension between the need for professional standards and the possibilities of empowerment through do-it-yourself research. It also looks at the notion of research on a shoestring and some free resource points are mentioned. It explores assumptions about appropriate quantitative and qualitative methods.

Smith, M.K. (2001) 'Community', in *The Encyclopaedia of Informal Education*, www.infed.org/community/community.htm, last updated 28 January 2005.

This article examines the concept of community, exploring the development of theory and ways in which the word is used by sociologists and social theorists. It examines the main concepts needed to make sense of the idea in practice, that is boundary, norms and habits, and social capital.

Tarling, R. (2006) *Managing Social Research: A Practical Guide*. London: Routledge.

This book is an introduction to managing social research projects. Although it is predominantly aimed at researchers working in organizations, it contains much that is useful for those managing community-based research projects.

Taylor, M. (2003) *Public Policy in the Community*. Basingstoke: Palgrave.

This book explores the way that community and other related ideas have been used in policy since the 1960s.

Tennant, R. and Long, G. (1998) *Community Profile Resource Pack*. Glasgow: Glasgow Caledonian University.

This is an information pack for local groups who wish to develop a community profile to present evidence about the needs and resources in their area. It provides guidance on planning the community profile, setting aims and objectives, identifying relevant issues and analysing the data. It also provides guidance on publicity, presenting information in an effective way and getting your message across.

University of Leicester (2004) *Exploring Online Research Methods in a Virtual Training Environment*, available at www.geog.le.ac.uk/orm/site/home_alt.htm, accessed 6 December 2006.

This is an ESRC-funded project that aims to 'enhance understanding of online research methods through the production and evaluation of a self-supporting online training package targeted at the social science community'.

Wates, N. (1996) *Action Planning. How to Use Planning Weekends and Urban Design Action Teams to Improve your Environment*. London: Prince of Wales's Institute of Architecture.

This handbook describes what is involved in running an 'action planning' event aimed at improving a local area. It incorporates useful advice based on previous experiences and tools, checklists and ideas that can be adapted for local use.

Wates, N. (2000) *The Community Planning Handbook*. London: Earthscan.

This is a practical guide to community planning, giving a menu of tools available for community planning from design workshops to electronic maps. Tips, checklists and sample documents are provided to help you get started quickly. It can be downloaded from www.communityplanning.net or www.nickwates.co.uk/.

Wilcox, D. (1994) *The Guide to Effective Participation*, Brighton: Delta Press.

This guide is aimed at those wanting to encourage community involvement. It addresses a wide range of issues including how to run effective public meetings, when it is best to use surveys or to get residents involved in building a model of the future, and the differences between consultation, participation, partnership and empowerment.

Software for data analysis

As we said in Chapter 8, there are many computer software packages available for quantitative and qualitative data analysis; this is a very small selection of the more commonly used ones. Many of these packages are available to be downloaded as trial versions from the websites listed.

Qualitative analysis software

ATLAS.ti   See: www.atlasti.com/

Version 5 is a user-friendly and flexible package that allows coding and annotation of text, images, and many formats of audio and video, and html pages. It has a network mapping feature for visual display as well as good search features. Although there is no Mac version, ATLAS.ti will run on Macs using virtual PC software.

The Ethnograph   See: www.qualisresearch.com/

This was one of the first qualitative analysis programs. It allows direct transfer of text from any word-processor format to the program. It has good code and retrieval features.

QSR NVivo   See: www.qsrinternational.com/products/productoverview/NVivo_7.htm

Version 7 allows you to edit documents as you code (most programs do not) and also font colours (via Rich Text Format file format). Again, there is only a Windows version and not one for Macs. It allows linking to external documents for audio and video and, unusually, has movable screen windows.

Survey and statistical software

SPSS   See: www.spss.com/

SPSS has a number of modules. The data entry module and base modules would be sufficient to enter and store data and then analyse it. However, additional modules are required for quality graphical and tabular output. SPSS is not as easy to use as the dedicated community profiling software, and can often be user-unfriendly to those inexperienced in using such packages. However, having learned how to use it, SPSS is extremely powerful and can undertake as much statistical analysis as one could ever require from survey data (and, for community profiling, a lot more).

SPSS has recently bought another leading survey creation and data collection software-producing company, Quantime. The merger of the two companies' products has produced another easy-to-use and very powerful market research package. For further details see www.spss.com/vertical_markets/survmkt_research/.

Snap   See: www.snapsurveys.com/

Snap supports all survey techniques including web, email, paper and phone surveys. The data can be entered, stored and analysed, and tables generated. Frequencies and cross-tabulations can easily be produced. It claims MS Access or SQL database connectivity and seamless integration with SPSS and MS Office (Word, Excel, PowerPoint, Access).

監訳者あとがき

　本書は，コミュニティ・プロファイリングの定義と内容，その方法を体系的にまた分かりやすく考察したものである。第二版への序文にある通り第一版以来，幾度も版を重ねてきたコミュニティ・プロファイリング関係の学術書として，英国では定評のある本である。

　コミュニティ・プロファイリングとは何か？　プロファイリングとは，「姿を描くこと」であり，直訳すれば「地域の姿を描くこと」すなわち「地域調査」に類するものと考えられよう。古くから，地域の状況を明らかにする調査は，国の国勢調査をはじめとする人口，産業関係の一般行政調査，領域的には，地域の保健衛生関係の出生・死亡調査や疾病の疫学調査，社会福祉関係の児童，障碍者，高齢者等の保護，介護，生活ニーズ調査，警察関係の犯罪，防犯調査，教育関係の学籍，成績等として数多く行われてきており，今日われわれは，無数の「地域調査」に接しているといえよう。さらに最近では，コンピュータ等の情報科学の驚異的な発達による情報収集・解析方法の開発が進み，調査の技術的側面への応用や利用の高まりも著しい状況である。

　そのような地域調査の一般化と調査技術の高度化の中，「地域を描く試み」は，地域の統計資料や住民アンケートの寄せ集めや統計技法の解説の域を出ない傾向も見られる。本書では，コミュニティ・プロファイリングをはじめとする最近の代表的な地域調査の定義と意義が明確に列挙，比較されており，近年の欧米の地域調査の傾向，内容とその利用法の把握が容易にできる内容になっている。また，統計調査や面接，観察といったいわゆる社会調査技法も，実際の現場での利用に即して，具体的にそのやり方が示されており，研究者だけでなく，公私の実践者の方々の実務的な調査マニュアルとしても役立つ。

　さて，コミュニティ・プロファイリングは，「生活の質の向上」を目標にして，「コミュニティ自身の積極的な参加」の観点から，コミュニティの「人々のニーズと資源を包括的に記述（説明）するものである」と定義される。つまり，コミュニティ・プロファイリングは，その「住民主体」の明確化と「包括

性」において特徴ある地域調査法であるといえる。住民主体面では，プロファイリング過程への住民と関係者の参加を通じて，住民とコミュニティの自信と能力の向上，すなわちエンパワメントが強調されている。そのための住民・関係者参加の具体的な方法が，事細かに説明されている点が，本書の特徴のひとつとなっている。包括面では，利用者や政策主体による事業評価，優先順位の確定，エビデンス基盤の計画と実践，自助，共助，公助を包括した持続可能なコミュニティ作りための基礎情報（データ）の収集法が，具体的な例を交えて分かりやすく解説されている。

　わが国においても，近年，公的介護保険事業をはじめ，地域の保育，児童・高齢者虐待防止，子育て支援や貧困児童対策，社会的孤立対策等の医療福祉政策が，矢継ぎ早に出されるようになってきた。このような地域基盤の医療福祉政策の実施に際しては，単なる統計データの収集にとどまらず，エビデンス基盤の計画，優先順位，事業監査（オーディット）等を含んだ「包括的な地域調査」の確立と普及がそのような事業の前提となろう。また地域基盤が強調される所以は，地域の衰退化の進展，地域力の弱体化に抗して，住民とコミュニティの自信，能力を高めること，すなわちコミュニティのエンパワメントをどう進めていくかが，国，自治体，地域の喫緊の課題となっていることを示している。

　その点，「住民主体を基盤にした包括的な地域調査法」として定評のあるコミュニティ・プロファイリングの具体的な実践ガイドである本書は，わが国の今後の地域医療福祉や地域創生事業のきっかけ，計画と実施に関して有益なアイデアと指針を与えてくれるものであるといえよう。

　本書の翻訳に際しては，各担当者がまず訳出し，それに並行して監訳者が全部を翻訳し，監訳者が両翻訳を照らし合わせて最終調整を行った。すなわち，本書翻訳の最終責任は，監訳者が負うものである。

　最後に，本書の意義を認めていただき，無事，翻訳の完成をみたのは，川島書店と担当していただいた松田博明氏のおかげであり，感謝申し上げる。

2018（平成30）年10月

清水　隆則

索　引

あ　行

アウトプット・エリア　35, 157
アクション・プランニング／アクション・プラン　6, 62, 153
新しい労働党　21
アンケート調査　114
一時的調査　158
一次的データ　71, 158
インタビュアーの募集と訓練　174
影　響　134
エビデンス基盤　21
エリア・プロファイル　153
エンパワメント　24, 46

か　行

回答者　159
回答率　98, 159
観　察　73, 102, 156
既存の情報　68
近隣マネジメント　26
クラスター標本　166
グループ・ディスカッション　109
クロス・タブレーション　155
現実のための計画　158
コア・グループ　57
構造化された質問　99
構造的面接／質問紙　160
口頭証言　106, 107

口述証言／歴史　157
コーディング　98
コミュニティ　45
コミュニティ・オーガニゼーション／グループ　155
コミュニティ・オーディット　154
コミュニティ関与　155
コミュニティ基盤アプローチ　25
コミュニティ基盤調査　22
コミュニティ計画　24
コミュニティ計画／戦略　24, 155
コミュニティ・コンサルタント　154
コミュニティ・コンサルテーション　4
コミュニティ参加　4, 155
コミュニティ散歩　105
コミュニティ精神　49
コミュニティ・デベロップメント　1, 154
コミュニティ・プロファイリング　1
コミュニティ・プロファイル　5, 155
コミュニティ・ワーカー　50
コンサルタント　38
コンピュータ・パッケージ　123

さ　行

サービス利用者研究　111
参加型アプローチ　157
サンプル（標本）　81
参与観察　103, 157

自記式質問紙　97

資 金　68

資金獲得　27

資 源　6, 37, 67

自己記入式アンケート　116, 173

地元メディア　145

守秘義務　56

事例研究　111, 153

実践者による調査　158

実践者リサーチ　4

質的アプローチ　74

質的調査　158

質的データ　114

質 問　60

質問作成　168

主導グループ　29, 57

市民相談所　37

市民陪審　4, 154

市民パネル　4, 154

社会資本　8, 159

社会的責任　159

社会的排除　21, 159

主体性　45

初期計画　35

人 口　84

信頼性　159

スキル　68

接触困難　49, 76

センサスデータ　67

専門的調査者　38

層化無作為抽出　166

ソーシャル・オーディット　5

ソーシャル・オーディティング　159

た 行

対面面接　100

地域サービス　88

地域戦略パートナーシップ　24, 156

地域の知識　23

地域文脈　83

調 査　97, 160

ディスカッション・グループ　67

データ解析　113, 119, 125, 127, 155

データ源　89

データ収集　68

データ入力　68

データの準備　125

データの提示　120, 126

データの保存　117, 127

データ分析　68

電子広報　145

電話面接　101

統計の基礎　183

統 制　45

閉じられ質問　116, 154

度 数　119

度数分布　156

な 行

ニーズ　6, 9

ニーズ・アセスメント　3, 156

二次的情報　81

二次的データ　70, 89, 159
能力形成　15, 153

は　行

パイロット　158
半構造的面接　159
半構造面接　74
標本抽出　162
標本枠組み　164
開いた質問　114, 157
フィールドワーク　60
フォーカス・グループ　4, 74, 156
符号化　116, 154
プロジェクト主導グループ　29
編集　116
包括的　6
報告書　139
報告書作成　68
ボランタリー組織　161
ボランティア　55

ま　行

面接　56

面接調査　98
綿密なデータ収集　95, 104
目的　41
目標　41
無作為抽出　165

や　行

有効なデータ　160
有責性　24
優先順位　23

ら　行

利益コミュニティ　35
利害関係者　45
利用者　21
量的調査　159
量的データ　115

わ　行

割当抽出　166

著者・訳者紹介

著者

Murray Hawtin

　英国リーズ・メトロポリタン大学政策研究所シニア分析アナリスト

　主に社会調査と評価の研究

Janie Percy-Smith

　英国リーズ・メトロポリタン大学客員教授，社会調査協会訓練教育

　担当ディレクター

訳者（分担）

　清水隆則（序文，第1章）

　栗田修司（龍谷大学教授，第2章）

　岡松秀幸（理学・作業名古屋市専門学校専任教員，第3章）

　山田　容（龍谷大学准教授，第4章）

　丸山あけみ（ユマニテク短期大学助教，第5章）

　岩満賢次（岡山県立大学准教授，第6章）

　樽井康彦（龍谷大学准教授，第7章）

　倉橋　弘（神戸医療福祉大学准教授，第8章）

　吉弘淳一（福井県立大学准教授，第9章）

　荷出　翠（平安女学院大学短期大学部助教，第10章，付録1）

　中嶌　洋（中京大学准教授，付録2）

監訳者略歴

清水　隆則（しみず・たかのり）

大阪大学人間科学部卒業

大阪市役所福祉事務所ケースワーカー，保健所職
　員等を歴任

現在，龍谷大学社会学部現代福祉学科教授

英国サウザンプトン大学ソーシャルワーク学科客
　員研究員，ロンドン大学バーベック児童家庭社
　会問題研究所客員研究員を歴任

コミュニティ・プロファイリング

2018年12月20日　第1刷発行

監訳者　清　水　隆　則

発行者　中　村　裕　二

発行所　㈲川　島　書　店

〒165-0026
東京都中野区新井2-16-7
電話 03-3388-5065
（営業・編集）電話 048-286-9001
FAX 048-287-6070

ⓒ2018
Printed in Japan

印刷 製本・モリモト印刷株式会社

落丁・乱丁本はお取替いたします　　　　振替・00170-5-34102

*定価はカバーに表示してあります
ISBN978-4-7610-0924-3　C3036

ソーシャルワークとは何か

ゾフィア.T.ブトゥリム 川田誉音 訳

社会福祉のあり方が問われている今日，それを支えるソーシャルワークも，その本質と機能についての深い洞察と反省が迫られている。イギリスのソーシャルワークの全体像を明らかにした本書は，統合化と専門職化の立ち遅れたわが国のワーカーに示唆を与える。　☆A5・214頁　本体2,700円
ISBN 978-4-7610-0331-9

ソーシャルワークの実践モデル

久保紘章・副田あけみ 編著

ソーシャルワーク実践モデルの発展を4つに分け，第Ⅰ部では，1期と2期の実践モデル，すなわちソーシャル・ケースワークの実践モデルを解説。第Ⅱ部では，3期と4期の，生態学やシステム論に基づく統合実践モデルと新しく登場した実践モデルを明快に解説。　★A5・256頁　本体2,700円
ISBN 978-4-7610-0821-5

ソーシャルワーク基本用語辞典

日本ソーシャルワーク学会 編

従来のソーシャルワークを基本にした専門用語辞典として，ソーシャルワークに関連の深い福祉原理や制度用語，新しく登場してきた専門用語などを加え，ソーシャルワークにとって必要とされる基本用語を収録。福祉専門職を目指す学生・現任者のための必携書。　★A5・232頁　本体2,800円
ISBN 978-4-7610-0895-6

冥冥なる人間

可山優零 著

私は最期まで人間らしく生き，人間らしく消えていきたい。お金以外の新しい価値観は，何によって創造されるのであろうか。——四肢麻痺でほとんど寝たきりの著者が，遺書として綴った，みずからの壮絶な闘病体験と人間探究の感動の記録（エクリチュール）。　☆四六・270頁　本体2,500円
ISBN 978-4-7610-0486-6

ソーシャルワーカー論研究

清水隆則 著

本書は，ソーシャルワーカー論の本質的課題を〈ソーシャルワーカーという人間存在の解明と形成〉としてとらえ，社会福祉的援助の制度や方法をソーシャルワーカーという存在の自己表現過程として位置づけ，さらに主体性の根源的なあり方への道を問おうとする。★A5・254頁　本体3,000円
ISBN 978-4-7610-0890-1

川 島 書 店

http://kawashima-pb.kazekusa.co.jp/ （価格は税別 2017年12月現在）